JN273456

DOING LIFE
Reflections of Men and Women Serving Life Sentences
portraits and interviews by HOWARD ZEHR

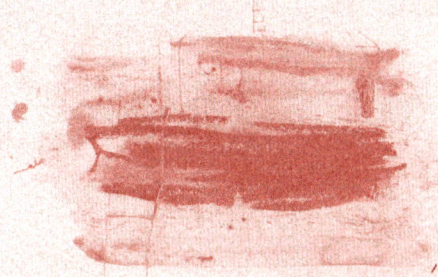

ハワード・ゼア［編著］
西村春夫・細井洋子・高橋則夫［監訳］
西村邦雄［邦訳］

終身刑を生きる
自己との対話

現代人文社

終身刑を生きる
自己との対話

DOING LIFE
Reflections of Men and Women Serving Life Sentences

写真撮影＋インタビュー ハワード・ゼア
portraits and interviews by HOWARD ZEHR

日本語版刊行によせて

　Doing Life 初版が刊行されてから今日までの間に、アメリカ国内では、仮釈放なしの終身刑を科す州の仲間入りをする州が増えてきている。この間、終身刑判決を受けた受刑者数は増え続けている。刑務所内での増大する高齢者数を含んでいるが、この数字の増加が、教育、保健医療といった必要不可欠な社会サービスの予算を圧迫している。そこで終身刑にまつわる課題は更に一層緊急性を要している。

　そのような折に本書が日本で発刊されるということは私にとって大変光栄なことだ。本書に見られる顔や言葉が映し出しているのはアメリカの状況ではあるが、終身刑が増大する現象は（幾分かはアメリカの政治的利益、企業利益によって衝き動かされているのだが）世界的な広がりを見せている。願わくば、読者の皆さんが本書に登場する人たちとの出会いを通じて、一度立ち止まって日本国内の刑務所、受刑者に対する思い込みを考え直すきっかけになって欲しい。願わくば、刑務所の現状について、また、男性、女性の受刑者が社会に対して何を提供しなければならないのか、といったことについての対話が生まれるようになって欲しい。

2006 年 5 月 11 日
ハワード・ゼア

謝　辞

　本書のような企画には多くの方々との連携が必要となります。とりわけ、グレイトーフォード、マンシー、ロックビュー、ハンティントン各刑務所の終身刑受刑者団体（Lifer,Inc., 6 頁に訳者注あり）に特別の感謝を捧げます。終身刑受刑者の、タイロン・ワーツ、ブルース・ベインブリッジ、マリー・スコットの各氏は極めて重要な役割を演じてくれました。受刑者団体の協力がなかったならば、本企画は日の目を見なかったことでしょう。また、本企画を許可し、作業の円滑化にご助力をいただいた、ペンシルベニア州矯正局の方々にお礼を申し上げます。わけても、本企画を承認し、ご支援いただいた同局前長官のジョゼフ・レーマン氏（現メイン州矯正局長官）に感謝申し上げます。ペンシルベニア芸術協会からの本企画に対する助成金のお陰で、私の短期研究休暇期間中に、終身刑受刑者に写真撮影術を教えることができました。同時期に、若干のインタビューとポートレートの撮影も済ませることができました。The Other Side（300 W.Apsley, Philadelphia, PA 19144（215/849-2178））から、タイロン・ワーツ氏の許可を得て、同氏の言葉を再掲しています。本書内容の一部を用いた巡回展示会を実現する上で、デザイナーのジュデイス・ランペル・シュマッカー氏には、構想面でご協力いただきました。

　本企画の多くの部分は、メノナイト中央委員会（Mennonite Central Committee: MCC）の援助を得て実施されました。MCC は、カナダ、米国の、メノナイト、及び Brethren in Christ を代表する、非営利の、救済・開発・奉仕のための機関です。MCC の職員、ボランティア、パートナーが、50 を超える国々で、教育、農業、健康、紛争解決、地域開発、緊急援助といった分野で活躍しています。私は、MCC U.S. Office on Crime and Justice（MCC 犯罪と司法米国事務所）の所長を務めており、本企画に対して、MCC の機関としての支援をいただくことができたことを稀なる光栄と思っています。

目次

日本語版刊行によせて　　ii
謝辞　　iii

写真とインタビューについて　　1

終身刑受刑者──ポートレートとインタビュー　　7
　　ロエス・ジューン・ファークハーソン（LOIS JUNE FARQUHARSON）　　7
　　アロン・フォックス（AARON FOX）　　8
　　ラリー・ホルツ（LARRY HOLZ）　　9
　　アーヴィン・モア（IRVIN MOORE）　　10
　　ゲイ・モーリイ（GAYE MORLEY）　　12
　　キマリー・ジョインズ（KIMERLEY JOYNES）　　14
　　ブルース・ノリス（BRUCE NORRIS）　　15
　　ジュリアス・シュルマン（JULIUS SCHULMAN）　　16
　　ジェイムス・テイラー（JAMES TAYLOR）　　18
　　リカルド・メルカド（RICARDO MERCADO）　　20
　　ハリー・トゥイッグス（HARRY TWIGGS）　　23
　　イヴォンヌ・クラウド（YVONNE CLOUD）　　32
　　ブライアン・ウォレス（BRIAN WALLACE）　　33
　　マーク・グレイバー（MARK GRABER）　　34
　　シェリー・ロビンソン（SHERRI ROBINSON）　　36
　　カルヴィン・マーティン（CALVIN MARTIN）　　38

ウィリアム・フルツ （WILLIAM FULTZ）　　40

ジョゼフ・ミラー （JOSEPH MILLER）　　42

アルヴィン・ジョイナー （ALVIN JOYNER）　　44

レネー・トーマス （RENEE THOMAS）　　47

トーマス・マーティン （THOMAS MARTIN）　　48

ジェリー・ミムス （JERRY MIMS）　　50

グローヴァー・サンガー （GROVER SANGER）　　51

サイド・バーガー （CYD BERGER）　　52

ジョン・フレデリック・ノール （JOHN FREDERICK NOLE）　　55

ケヴィン・マインズ （KEVIN MINES）　　64

ハーヴェイ・テルフォード （HARVEY TELFORD）　　65

ブルース・ベインブリッジ （BRUCE BAINBRIDGE）　　66

ユージン・マクガイア （EUGENE MCGUIRE）　　68

ドナルド・モンゴメリー （DONALD MONTGOMERY）　　70

トリーナ・ガーネット （TRINA GARNETT）　　73

レナード・ウオマック （LEONARD WOMACK）　　74

クレイグ・デイツマン （CRAIG DATESMAN）　　75

ベティ・ヘロン （BETTY HERON）　　76

レイモンド・クローフォード （RAYMOND CRAWFORD）　　79

マリー・スコット （MARIE SCOTT）　　81

フランシス・ボイド （FRANCES BOYD）　　83

フランキー・リー （FRANKIE LEE）　　84

ダイアン・ウイーヴァー （DIANE WEAVER）　　85

チャールズ・ディッグス （CHARLES DIGGS）　　88

ジョン・ヤント（JON YOUNT）　90

マイケル・トゥイッグス（MICHAEL TWIGGS）　96

ベンジャミン・ヴェラスケス（BENJAMIN VELASQUEZ）　97

マリリン・ドブロレンスキー（MARILYN DOBROLENSKI）　99

ヒュー・ウイリアムズ（HUGH WILLIAMS）　102

ヴィクター・ハッシン（VICTOR HASSINE）　103

タイロン・ワーツ（TYRONE WERTS）　105

ジョン・ジェイ・マッキンタイア（JOHN JAY MCINTYRE）　108

レティシャ・スモールウッド（LETITIA SMALLWOOD）　109

ロバート・ハグッド（ROBERT HAGOOD）　111

カマー・グラス（COMMER GLASS）　113

ロバート・カポレロ（ROBERT CAPORELLO）　116

デリック・マチソン（DERRICK MUCHISON）　117

ラルフ・シャープ（RALPH SHARPE）　118

デヴィット・ブラウン（DAVID BROWN）　121

オマール・アスキア・アリ（OMAR ASKIA ALI）　123

シャロン・ウイギンズ（SHARON WIGGINS）　125

ケネス・ターヴァロン（KENNETH TERVALON）　131

このすべてが意味するものは何か　134

写真家／著者について　143

訳者あとがき　144

解説　本書の意義とゼア博士の修復的司法　西村春夫　146

凡 例
1．原則的に、英語の流れに沿った和訳を心掛けた。
2．違和感がない範囲で！、？も表記として残した。
3．人名表記の中には実際の音とは異なるものが含まれる可能性がある。
4．" " は、「 」カギ括弧とした。
5．原著のイタリック体は、傍点付き文字とした。
6．文献名は、原則として、原注のまま表記した。
7．日本語版では、判型は、原著Ａ５変型判をA5判に改めた。

DOING LIFE

Copyright ©1996 by Mennonite Central Committee, Akron, Pennsylvania 17501
International Standard Number: 1-56148-203-X
Japanese translation rights arranged
with Good Books, Intercourse, Pennsylvania
through Tuttle-Mori Agency, Inc., Tokyo

写真とインタビューについて

　本書に登場する男女は、ペンシルベニア州内の刑務所で、現在終身刑で服役中である。全員（58名）が、殺人罪あるいは殺人罪共犯の有罪判決を受けている。その多くは既に長期の刑期を終えている。彼らの大半が獄中で死を迎えることであろう。

　ペンシルベニアは、第一級あるいは第二級殺人罪の有罪宣告受刑者には誰であろうと、仮釈放の可能性なしに終身刑を科する、ほんの一握りしかない州の一つである。終身刑受刑者にとって身体拘束から自由になる唯一の可能性は、ほとんどないことだが、州知事による減刑だけである。ペンシルベニアにおける終身刑は、まさに「終身」刑である。

　私はこれまで長年にわたって、犯罪被害者（訳者注：以下被害者）と、受刑者を含む加害者の双方と仕事をしてきたが、本企画を始めるにあたって、終身刑受刑者との経験のみに限定することとした。私たちは終身刑受刑者が実際はどういう人なのかということをほとんど知らないのであるから、本書では終身刑受刑者に焦点を合わせることにした。

　犯罪と司法にかかわる諸問題は、今日の米国の政策課題の上位に位置づけられている。日々のニュースから選挙運動、果ては娯楽においてさえも、これらの問題が幅をきかせている。とはいえ、不幸にして、これらの問題をめぐる私たちの議論の大半は、ステレオタイプ（固定観念）やシンボル（象徴）を使っての抽象論に終始している。加害者とは私たちの考える最悪の恐怖を体現化している、顔の見えない敵である。被害者とは——たとえ私たちがいくらかでも被害者のことを考えたとしても——選挙運動の中では政党綱領の項目となり、司法や政治のプロセスでは、操り自在の駒になる。

　私たちは、被害者や加害者を血の通った人間としては見ないようにするきらいがある。私たちは犯罪を、犯罪が実際に経験されているように、即ち、犯罪を、血の通った人間による、血の通った人間に対する侵害として理解することはまずない。犯罪にもっとも関わりのあった人々の経験や考え方を私たちは、稀にしか耳にすることはない。

　このことは殺人に関わった人たちにとっては間違いなく真実である。彼らは、

私たちの最悪の恐怖や固定観念の典型となっている。ところが、刑務所職員は、そして研究者もそうだが、全ての受刑者の中で最も成熟した中の何人か、即ち、再犯の可能性が最も少ない人々は、終身刑受刑者であるとみなすことが多い。終身刑受刑者が刑務所内において、かなり積極的な指導性を発揮したり、模範受刑者を演じることはよくあることである。終身刑受刑者は恐ろしい犯罪に関わったが、往々にしてそれ故にこそ、思慮深い人間に成熟しているので、彼らは、私たちの固定観念を検証するのには格好の実例となる。

　life（訳者注：命、人生、生活等を意味する）は、これらの男女にとっては、life sentence（「終身」刑）である。社会に戻るなどという可能性はほとんどないか、あるいは全くないかの状況で終生拘禁されるということは、現にそのような経験をしている人たちにとって、どういう意味を持つのだろうか。更に、これらの人たちはlife自体についてはどんな思いをめぐらせているのであろうか。恐らく彼らは、彼らが奪った命の故に、また、彼ら自身の現在の生きる上での環境の困難さゆえにこそ、私たちのほとんどの者より、より真剣に考えてきたことであろう。

　本企画を始めるにあたって、私はペンシルベニア州矯正局の許可を得た。また、グレイトーフォード刑務所の終身刑受刑者の団体である、Lifers, Inc.*の収監者委員に面談した。私は彼らに私の構想の概要を説明し、以前取り組んだ企画を見せた。そして私の狙いは、彼らのことをありのままに、一人一人の人間として提示することだと説明した。彼らは、これから企画をどう進めるとよいかについて有益な提案をしてくれ、具体的に誰が参加するのかの人選と、刑務所での便宜供与を支援することに合意した。

　結果的に、私は多くの刑務所を訪ねた。そして、各刑務所の終身刑受刑者の団体に、インタビューと写真撮影の対象者の選択を依頼した。時として、刑務所職員からの提案もあった。私がお願いしたのは、その方々が自分の生き方について考察ができることと、それらの方々の民族的背景、年齢、見解が多様になることであった。最終的に私はおよそ70回に及ぶインタビューとポートレート撮影を行った。しかし私は、これで終身刑受刑者の代表的な一断面の紹介ができるなどと主張するつもりはない。環境に押し潰されてしまい、何とか成

熟しようにもできず、改善への道も見出せなかった終身刑受刑者がいるが、これらの終身刑受刑者について、本書では現状ほどには紹介されていないことは間違いない。

　どのような写真撮影をすればよいのか。当初私は刑務所内の背景を取り入れたポートレートを考えた。しかし私は、これまで写真家が余りにも頻繁に獄中生活の異様な特徴に魅了されていたとしか思えないということに気付いていた。私には、不毛でおどろおどろしい刑務所内の背景が、いかに刑務所についての私たちの固定観念の誘因となっているかがわかった。もし仮に私が刑務所の鉄格子や独居房の中で写真を撮られたとすると、おそらく私自身も典型的な受刑者に見えることだろう。そこで私は、モスリン地を背景にしてポートレートを撮ることにした。背景を無地にして、「カメラ目線」のポートレートにすれば、見る人は、被写体を、何かの象徴としてというよりは、一人の人物として見るようになるであろう。大型の中判カメラを使うことで、表情がくっきりとし、穏やかな仕上がりになるので、これらの受刑者を人間として訴えかけることに役立つ。写真撮影用の服装として、私は、収監者が制服ではなく、私服の着用が許されるように依頼した。ただし彼らがどう着こなすかについては私からは何の口出しも一切しなかった。

　これらの男女の写真撮影の前に、私はインタビューをした。そして彼らに単刀直入に、終生拘禁されることの意味は何か、彼らの経験を理解するにはどのような言い回しを使うのか、あるとしたら、何に希望を持てるのか、といった質問をした。出身地や家族のことについて１～２質問した後で、私はたいてい、「終生拘禁されるというのは、どういう感じですか」と訊ねた。多くの場合、彼らはいったん呼吸を整えて、「いやー、キツイ質問をしますね！」といったようなことを言って、それから話し始めた。

　一人一人のインタビューの後で、私たちは写真撮影を行った。一人につきフィルム１本（12の表情）を使い、彼らにはできるだけ自分なりにポーズを作ってもらった。私は彼らを良く見せようなどという小細工を弄しなかった。傘タイプのソフトボックスの下で、シングルストロボの照明を受け、無地の背景でポーズを取って、彼らは自らを表現した。

インタビューは録音して、一言一句そのままテープ起こしをした。文章としての明瞭さと読みやすくするための編集はしたが、私は、話し手自身の言葉、シンタックス（統語法）、表現構造は努めて原文通りとした。

時には文法的に明快にしたり、段落を並べ替えたりもしたが、それは、彼らが述べていることが活字になったときに、より読みやすくするためである。また、インタビューから抜粋部分を抜き出した。ただし、彼らの表現の「仕上げ」はほとんどしなかった。やったとしても極くまれにであった。本書にあるのは、可能な限り、彼ら自身の言葉である。

本企画が終わりにさしかかった頃、ハンティントン刑務所の終身刑受刑者たちが、雑誌に掲載された今回のポートレートの何枚かを見て、面白い遣り甲斐のある課題を持って、私に連絡を取ってきた。彼らが言うには、何かが欠けていて、それは時間軸だと言う。ここに写っている人たちは、最初に収監されたときにはどんな様子だったのか。その後彼らがどのように変わってきたのか。

従ってそれから私は、収監者の経験の経年変化にも触れて、ハンティントン刑務所の収監者のインタビューをした。インタビューを受けた受刑者の一人一人が収監時の写真を提供してくれた。私がポラロイドで素早く現在のポートレートを撮影したので、彼らに、今と昔の二枚の写真の中の人物について考察してもらいながら私たちの議論を始めた。こうしてできたインタビューは、今回のインタビュー集に重要な内容を加味することになった。

私自身の見解を明らかにしておきたい。私は、仮出所の可能性無しで死ぬまで拘束される刑には反対である。このような先入観は、私の終身刑受刑者との経験によって強固になった。ここ何年か、私は、受刑者たちが、自らが行ってきたことをよりよく理解し、その責任をとることを支援するプログラムの開発と実施のお手伝いをしている。このプログラムの中には、受刑者を被害者と共感させるための集中セミナーがある。これまでのところ、参加者の大半は終身刑受刑者であった。私はまた、短期研究休暇を利用して、いくつかの刑務所内で終身刑受刑者に写真撮影術を教えたが、終身刑受刑者とは、他の面でも一緒に仕事をしてきている。このような企画の結果として、私は、何人かの終身刑受刑者をとてもよく知るようになった。私は、慎重な選択と監視のもとであれ

ば、多くの終身刑受刑者が、安全に社会に受け入れられ、私たちの社会に重要な貢献ができると確信している。

　しかしながら、終身刑受刑者タイロン・ワーツが以下に語るように、問題はより一層基本的である。

「私たちは、犯罪に対応する新たな方途を、これまで乱されてきたものを糺し、私たちのコミュニティの中で、犯罪が原因となっている大変な損害を改善する新たな方途を探し出さねばならない。私たちすべての生命がそのことに懸かっている。」

　本書での私の目標は、何か特別な立場を押し付けるものではなく、抽象的ではなく、現実の生活に根を張った対話を促進することである。

　現時点で、ペンシルベニアだけで、およそ3,000人の男女が終身刑で服役している。これに毎年平均で150人が追加されている。知事による減刑が、可能性としてはある。しかし、これによって身体拘束から自由になるのは、毎年2〜3人だけである。毎年平均で10人が亡くなる。従って、終身刑受刑者の数は増え続けている。このような、拡大し、高齢化している刑務所人口による長期的な財政・社会的費用は相当なものである。

　全米で厳罰を求める声が高まるにつれて、終身刑やその他「厳罰化」対策を採用する州が増えている。その結果、司法及び矯正の支出は、社会事業、健康管理、教育の直接経費を増大させている多くの州予算の中で、最も急速に増大している部門である。終身刑は私たちすべてにとって重要な意味合いを持っている。ペンシルベニアの経験が役に立つかもしれない。

　改めて述べておくが、私の主たる目標は、加害者を固定観念としてではなく、彼らなりの恐れや夢をもった人間として見る機会を提供することである。私としてはこのことを、写真撮影、インタビュー、編集作業の中で、私自身のイメージや考え方を強要することなくするように努めてきた。ここに集められたポートレートと言葉は、最大限、終身刑受刑者自身の想いとなっている。彼らの想いには、終身刑の意味、そして生きることの意味への大切な手掛かりが含まれている。

ハワード・ゼア

＊訳者注

Lifers, Inc.　フィラデルフィア郊外に位置する、アメリカ有数、かつペンシルベニア州最大の重警備州立矯正施設であるグレイトーフォード刑務所（State Correctional Institution at Graterford, SCIG）内の終身刑受刑者自身が運営する、施設内団体。1978年に同施設の精神分析医であったヴァン・ウィ（Van Wye）博士の指導の下、終身刑受刑者の長期拘禁という状況から発生する特殊な問題の解決に取り組むために形成された治療グループが母体。1980年には、SCIG管理部門、及び州の矯正局から正式な団体として認可され、翌1981年には州政府の非営利団体としても認定された。Lifers, Inc.の主たる目標は、一般の人々への啓蒙活動や、法手続を通じてペンシルベニア州内の終身刑受刑者に対する仮釈放の可能性を求めることだったが、創立時より、同州における終身刑政策を変更して、希望のない終身刑から、それに値する受刑者にとっては、希望の持てる終身刑にするための活動に鋭意取り組んでいる。1990年代からは犯罪防止等の面での社会貢献活動を通じてコミュニティとの連携も深めている。

http://www.worldcriminology2005.org/streetculture.pdf　等より。

ロエス・ジューン・ファークハーソン
LOIS JUNE FARQUHARSON

「私が入所したのは40代の頃でした。現在、67歳です。精神科の開業医でしたから、刑務所を出てお役に立ちたいです。でももしだめならば、どこにいてもできるので、ここでもできたらいいと願っています。それは、お役に立つこと、そして人生を私にとっても、また他の人々にとっても耐え難いものにはしないことです。」

アロン・フォックス
AARON FOX

「もし私に一つ願い事があるとすれば、それは、私の罪が赦されることだ。」

ラリー・ホルツ
LARRY HOLZ

「これまでに、何となくより賢くなった。より辛抱強くなった。かなり利口になった。かなり愛想がよくなった。いくらか体重が増えた。かなり頭が薄くなった。でも、何が怖いかって言えば、この中で死んでしまうことだ。」

アーヴィン・モア
IRVIN MOORE

「終身刑って、琥珀の中に閉じ込められた昆虫みたいなものだ。琥珀はあるときは液体だ。空気に触れるとだんだん粘々してくる。ときには昆虫はその中に捕らえられてしまうかもしれない。琥珀が硬くなるにつれて、昆虫の動きが鈍くなってくるね。そして固まってしまうと、昆虫はまったく身動きが取れなくなる。私は十分に身動きがとれて、私のまわりの液体が固体になっていないので、神に感謝している。」

私が収監されて24年だ。ここに来たとき、9年生の落ちこぼれだった。若かったし、血気盛んだった。何でもわかってるつもりだった。それから何人かの年上の終身刑囚と知り合いになった。私が生きてきた年数より長く刑期を勤めている人たちもいた。その人たちと話をしてみた。そしたら、「ほら、これをちょっと読んでみな。」と言われた。「わかった。」と言って、次の日、その本を返しに行った。「読んだのか」と彼らに聞かれて、「ちょっと待って。もう一回読ませて。」と応えた。彼らが真剣だということがわかった。

その本というのは、ヴィクトール・フランクル（Viktor Frankl）の Man's Search for Meaning（『人間の意味の探求』）だった。その本は、強制収容所でのある個人の経験を題材にしたもので、今私たちが置かれている状況と、そんなに大きな違いはない。主人公は地獄のど真ん中にいるんだが、それでも回りに

いるのは、みんな、人間の気高さを示す人ばかり。人は、置かれた環境や経験を乗越えなければいけない。感動した。私はそれを読んだので、その本について私たちは話をし始めた。すると彼らが言った。「ほらもう一冊だ」。そしてまたもう一冊。世界は自分がそれまで想像していた以上にはるかに大きいとわかり始めてきた。私がそう考えたことに間違いはなかった。宇宙に終わりはなかった。

　この間、私は二つの学位を取得した。私には教員資格がある。教育の学位と経営管理の学位がある。私は今いる刑務所内で正式にクラスを持って教え始めた。そして、学ぶ最善の方法は教えることだとわかった。私が教室から出て、私の学生の眼が輝き、彼らの頭の中に灯りが灯っているのを見るとき、それはいい気分だ。しかし、自分自身が何かを学んで教室を出るときの方が一層いい気分になる。

　私は私の学生に、物事の相互の関連性について教えるように努めている。あらゆることが何か他のことに関連している。そして私の教えが、私と私の家族との関係、私が関わっている人々との関係、私の考え方との関係といった、私自身の人生に影響を与えてきている。

　私たちにとっての life には二つの意味がある。一般的な意味で、life は生命だ。生きていること、毎日眼を覚ますことだ。life はまた、勤めるべき刑期でもある。ペンシルベニアでは、life は、死ぬまで勤め上げることなのだ。

　その終身刑の期間から逃れるわけにはいかない。もし私がその痛みに負けてしまったら、本当に危険なことだろう。精神にも魂にも影響を及ぼすだろう。しかし終身刑は、生命があなたのまわりにはいたるところにあると感じて、精神を開いた状態で勤めることが可能だし、またそうすべきだ。その生命はあなたによって影響を受けている。そして生命があなたに影響を与えている。私たちはたまたま隔絶されているが、そのことが精神に制約を与えることはない。私は収監されてから、宇宙を旅してきた。これまで多くの人々に会えた。しかしもっと大切なことは、人々と会うことによって、私自身を一人の人間として、生きとし生きるものの一員として理解するようになったことだ。

アーヴィン・モア

ゲイ・モーリイ
GAYE MORLEY

「終身刑は、すっかり吸い取られてしまうこと。何もかもが私から外へ吸い出されようとしている。私には何にも残さないで。それと闘わなきゃいけないのはわかっている。私自身の中に、一つの完全な世界を創らないといけないし、私のまわりの人たちにそれを拡げていけるようになりたい。」

私がここに来て丁度2年。1年目はどうやったら折り合いをつけられるのかだけのために本当に死に物狂いだった。すっかり打ちのめされてしまった。そこから、とことん閉じこもりの期間に入ってしまった。それから辛さや怒りがいくらか出始めてきた。そこで私が言ったのは「こんなのは嫌だ。自分自身を引っ張り上げて、何かをやり始めないといけない。」そしてそうやって今の私がいる。今でも私は全人格をもった人間でありたい。私は良き人間でありたい。そしてそれに向かって努力しなければいけない。

今私は、私の犯した罪にまさに取り組もうとしているところだ。つらいのは、私の犯罪について本当のところ誰にも話せないということ。そうしたい。幸いなことに丁度今、もう一人精神科医が採用されたところなので、診察を受け始

めたところ。だから、彼女と何らかの話題で話ができればいいなと期待しているところ。

　私がとてもやり難いと思っていることの一つは、私を取り巻いている全ての怒りなの。今では、私自身の中にも怒りが見つかっている。それが怖い。これまでの私の人生で、怒りの高まりを感じたことがまったくなかった。これまで私は、時たまずごく精神的苦痛を感じることはあった。今私には、精神的苦痛がどこで鬱積して、怒りに変わるのかがわかる。

　私が思うに、塀の外の私の友人たちには大変酷だろうと思う。初めのうち、私は彼らにとても頼っていたので、ここで起きていることについてのたくさんの苦痛をそのまま彼らにぶつけてしまっていた。今になって私は、塀の外の知人、友人が、私のことを本当に思い、愛していることが、そしてそのことが彼らを苦しめていることがわかる。彼らは、「この人を愛しています。でも私にできることは何もない。」と言っている。だから私には、ここでの私の生活について彼らに言えることはほとんどない。会えば、私は他愛のない雑談で場を持たせる。彼らにできることは何もないと私にはわかるから。２度、私は彼らの眼に涙を見た。そのとき私が言ったのは、「私はこんなことをこの人たちに対してしていてはいけない。」ということだけだった。私の犯罪のために必要以上に人々を傷つけた。もうこれ以上人々を傷つけたくない。

　私が感謝していることの一つは、私がここに来る前にはいい生活を送れたということ。私がしたいと思うことの多くをすることができた。ここにいる若い女性の中には、何をやるにしてもただ機会がなかったという人がいる。中には、大変つらい、何もかも取り上げられた人生を送ってきた女性もいる。

　今から10年後、できれば私はここにはいたくない。でもわかっている。ここにいるでしょう。できれば今から10年後、私は自分自身を充分に取り戻して、この刑務所で、他の人々のお役に立っていたい。私は憤慨した、怒った人間にはなりたくない。こんな酷い経験をこんなにもしてきたのだから、それだけはしたくない。

ゲイ・モーリイ

キマリー・ジョインズ
KIMERLEY JOYNES

「終身刑は、あなたが精神性を通して克服するようにならなければいけない苦悩と不安のブラックホール。」

ブルース・ノリス
BRUCE NORRIS

「自分が犯した罪のために服役することに何の問題もない。心からそう思う。どれだけの期間そうすべきなのかだけが問題だ。いつになったら終わりになるのか。死ぬのは構わない。刑務所で死ぬのだけはごめんだ。」

ジュリアス・シュルマン
JULIUS SCHULMAN

「私が最初に刑務所に来た頃、眠ることの一番よかったことの一つは、よく外のことを夢に見たことだ。怖いのは、今は夢を見るといえば、刑務所のことしかないということだ。まるで、これまでの私の人生はまったくなかったかのようだ。」

あなたは社会から排除され、誰かがあなたは一日中何をするのか、何ができないかを決める、ある人工的なコミュニティに押しやられている。あなたの食事の時間を決めるのも誰か別の人。あなたには何の責任もない。おま

けにペンシルベニアでは、生産的で順法精神を持った市民になるために社会に復帰するなどという希望はない。

　まるで飛行機から落ちるようなものだ。あなたは自分の命を制御することがまったくできない。あなたが決めることはもう何もない。重力が支配する。それであなたは、自分ではもうどうすることもできない。あなたはただ目覚め、眠る。ただそれだけ。愛する人もいなければ、大切に思う人もいない。あるのは鉄とコンクリートだけ。

　それと折り合いをつけるために、私は自分自身にたくさん嘘をつき、それほどひどいわけでもないさ、と自分に言い聞かせる。世界中で人々が飢えている。自分のコミュニティの中で人々は暴力と共生しなければならない。また私は罪の意識に駆られ、私がここにいるのも多分当然の報いなのだと考える。でも、これからの残された人生をここで過ごすのが当然だとは思わない。そして私は自分自身をできるだけ価値のあることに専念できるようにしている。

　私は祈るが、釈放を求める祈りではない。今日という日を切り抜けられるように祈る。同じ過ちを二度と繰り返さないようにと祈り、私の気性が穏やかになるように祈る。そして、私を含めて、私を取り巻く人々がいくらかでもよりよくやっていけるように祈る。

　ここで最も異様なのは食事だ。私たちが独居房に拘禁されるとき、あるいは刑務所内の警備が厳重になるときには、彼らは通常の食事を出さない。彼らは冷凍食品を持ってくる。娑婆では、冷凍食品は最後の手段だ。ここではそれが待ち遠しい！

ジュリアス・シュルマン

ジェイムス・テイラー
JAMES TAYLOR

「気が付いたら私は、私の人生を何とかするために自分が持っているあらゆる潜在能力を開発したいと思っていた。私の精神的な面に触れること、そして絶えず実践を通してそのことを追及することで私は本当に助かった。」

今年で私が入所して21年。私は絶えず、私にはどれだけの命が残っているのかという観点で考えている。終身刑は忍耐力テストだ。隔絶状態の中で耐えているわけだ。

そんな状態でも生きていけるようにするのは何かといえば、意味のある活動だ。私は、自分自身の成長と発展を非常に積極的に追及してきた。私にとって教育は重要だった。そして私は、幸いにも、私が楽しんでいる仕事に関わった。私は今、歯科技師だ。しかし、私の教育の最も重要な点は、経営学の学位を取得したことだ。

もう一つとても大切なことは、私には外部から私を支援してくる人々とのつながりがあったことだ。親交、わが家族、こういったつながりは私には、まさに、本当に意味が大きかった。

しかしここでの生活を耐えられるものにした肝心なものは、私の宗教的な生活だ。私はイスラム教徒で、入所以来、極めて積極的に宗教活動を行ってきた。

入所したときは、私には人生の方向がわからなかった。私は神に触れて、導きを求めた。赦しを求めた。意味のある人生を送る赦しを求めた。今私が手にしているものを探求できたのは幸いだ。

　若かったときは違った気持ちがあって、私は自分の達成感を、資産とか身なりといった物質的なものに見出していた。今ではそういったものはもはやそんなに大事なことではなくなっている。私は自分自身に向けていた多くの関心を他の考え方や人々に向けるようにしてきた。私には私の人生が一つの人生に過ぎないということと、私は世界の中で生きていて、そのプラスになりたいということがわかる。

　もし精霊が私に願いを一つ叶えてくれるとしたら、私はその精霊に、議員が仮出所法案を神の恵みで授けてくれるよう、神への祈りを伝えてほしいと頼むだろう。その法案は、心からの改悛の情を示し、自らを改めようと務めた者は釈放され、よき市民となれる、と簡潔に述べる。この法案によって、男女がケースバイケースを基本にして審判されるような仕組みが動き出すことになるだろう。多くの終身刑囚が社会に何かをお返しする用意ができている。その法案は、いくらか希望を持って未来を求めながら、希望のレベルと向上への欲求を高めるのに役立つだろう。

　私はこのわが国で、人は償われると習った。そのことは、この国で、そして宗教で教えられている。人には第二のチャンスがあって当然である。つまり、人は善きことをすれば善きものを得られる。私は善を探求するようにしてきた。私がもっとも恐れているのは、嘘をつかれていたということ、私の善行への償いを期待していたということを知っていながら死ななければならないのだろうということだ。そして償いはなかった。

ジェイムス・テイラー

＊ジェイムス・テイラーは、彼が創設した、収監者の自助プログラム——People Against Recidivism (PAR)（再犯に反対する人々）で、一般にも認知された。

リカルド・メルカド
RICARDO MERCADO

「私は、あなたがすることはいつでも誰かに、あなた自身にさえも、影響を与えているということを学んだ。私は高潔な人格を学んだ。そしてどうして私にはそれがまったくないのかを学んだ。自分がやってしまったことを考えると心が傷む。たいていは、あなたはそんなことは放っておきたいと思う。でも、前に進むには、あなたのこれまでのことを覚えていないといけない。
　終身刑とは、壁に触れることができない大きな部屋の中にいるようなものだ。暗くて、漆黒だ。光が見えない。誰もが光のことを話すのだが、あなたには見えない。」

人々はここを獣の腹の中だと考えている。しかしあなたは驚くだろう。この中には前向きに生きる人たちもいる。本当に人に自信を持たせる人たちがいる。彼らは犯罪者ではない。ふとしたことで、造化の戯れで、彼らは結局ここにきてしまった。そして賢い人もいれば、他人を気遣う人もいる。こういう人たちは社会で、よい模範にも、指導者にもなれる人たちだ。彼らはここの中での組織の指導者たちだ。そして、彼らの大半が終身刑囚だ。
　これらの人たちは、わざわざ体を反らして手を差伸べて、誰かを引っ張り出して、「ほら、あんたはもっとよくできるさ。」と言うような人たちだ。はじめあなたは、「私をからかってんのか。」という感じだろう。しかし真剣に、執拗に、彼らはあなたに対して語り続ける。最後にはあなたは、こうまでするには何かがあるに違いないとわかる。そうしてあなたが進んで彼らと関わってみると、あなたは、この人たちと一緒にいたほうがいいとわかる。ここの中にはそんな人がゴロゴロいる。
　入所当初、私は困った。ここはとてつもなく大きな場所なので、私には何をどうしたらいいのかわからなかった。彼らは無口な私を見て言った。「こっちから彼に話しかけて彼を巻き込まなければ」。彼らから私にアプローチしてきた。それがことの始まりだった。今では、彼らが私のためにしてくれたことを思い出さなければならないし、同じことをしなければならない。
　もしあなたがそうあってほしいと思うようには何事も起きないとしたら、あなたは、それが、あなたの側で何か間違いがあったからではないということを信じなければいけない。あなたは、十分強くなって、変化を起こそうとトライし続けねばならない。希望というのは、あなたが他の誰かから得ることはできない代物だ。あなたはそれについて読むことはできないし、手に入れることもできない。それはあなた自身から出てこなければならない。
　でも私はスーパーマンではないので、簡単にはいかない。ここには飽きた。家に帰りたい。現実にはそれはできない。だから私は続ける。その上、終身刑囚の組織の会長をやっているタイロン（本書105〜107頁）のような人間がいる。彼が塀の外に出て、賞を取ったのを見た。彼が私服を着てるのを見た。そんなようなことがあなたに希望を与える。彼にとってだけでなく、私にも希望を与える。

2ヶ月前、男が一人廊下で刺された。彼は頸静脈を刺された。私は殺人罪(有罪判決)だが、あんなのは一度も見たことがない。推測するに、これは、人は見境のない怒りのうちに罪を犯すことがあり、私たちは、私たちがしでかしたことがわからないということを示しているのではないか。私は窓のところに立って、彼の首が刺され、彼がぐるぐる回り、血を止め処なく流し、床に倒れるの見ていた。私はあの表情を決して忘れないだろう。それで私は、私がしたことがどんなことだったかがわかった。私は、誰か他の人がそうするのを見て、ショックを受けた。今でもあの若者の顔が眼に浮かぶ。今でも血が流れ出るのが眼に浮かぶ。それは私に影響を与えた。それは私に「これがお前のやったことだ。」と言っている。しかし私は覚えていないのだ。

　その事件は私が働いている私たちの事務所の前で起こった。そして経理係はその小僧っ子を救うためにドアを開けようとはしなかった。パラノイア(被害妄想)に襲われた彼はどうしたらいいのかわからなかった。責任ある立場の人間の中には、ドアの鍵を持ちながら、パニックに陥ってしまう人もいるということを示している。

　ここではおかしなことはそんなに起きない。おかしなことはそんなには起きないものだ。自分自身でそうしなくてはいけない。自分自身で楽しめるようにならなくてはいけない。

リカルド・メルカド

ハリー・トゥイッグス
HARRY TWIGGS

　入所してくる人たちから聞いたところでは、娑婆で人は私のことを、まるで死んだかのように話しているようだ。終身刑は、要するに、死だ。死から一歩だけ離れている。

　ここにある若い頃の写真では、私は自惚れ人間で、自分自身のこと以外には、どんな人のどんなことも気にしなかった。自己中心的で、憎しみ、恨み、敵意、怒りで一杯の人間だった。私は誰もが私に何か借りがあると考えていたので、私は皆から借りを返してもらおうと企んでいた。そのために私から何かをするようなことはしたくなかった。むしろ彼らから返してもらいたかった。

　もう一枚の写真では私は45歳、そして私はここに23年間いる。私という人間は、自分自身にも、自分を取り巻く世界にも、真正面からまともに取り組んできた男だ。私は、ほんの一時期ここにいるだけで、私は世界を、私がここに入所したときよりもよりよい場所にしようと努めなければいけないと理解している。私は私の人生でやってしまったことに良心の咎めを感じており、犠牲を

受けた人々と社会全体に対して私がしでかしたことの償いをするようにしたい。
　私は今でもやる気満々の、我の強い人間だ。また今でも大義を信じているが、今の私の大義は、否定的であることとは対照的に積極的なものだ。以前、22歳のとき、私は大義を持っていた。私はハイになりたかった。私は麻薬中毒だった。だから私の大義は、強奪、盗みなど、ハイになるためにしなければいけないことなら何でもやって、また、どんなことをしても麻薬を手に入れることだった。45歳となって、私は、若者がここに来るのを救い、彼らに、私が彼らの年頃に私がしてしまったことをしないようにと語るときにハイになる。私はこの実績でハイになる。私にはまだあの頃と同じ衝き動かす力、同じ決意を持っている。ただし、それは何か積極的なものに向けたものだ。

　私は38歳の頃変わった。とにかく疲れた。自分の人生を振り返って、なんで私が終身刑をくらったといえば麻薬だったということがわかった。私がやってきた生き方が私に終身刑をもたらしたとわかった。
　このとき私は麻薬漬けだった。38歳になるまでずっと麻薬を使い続けていたので、入所してからの何年かは麻薬漬けだった。私は刑務所内麻薬中毒患者だった。そのとき自分の人生を振り返り始めた。そしたら、私がここにいるのは麻薬と私の生き方のせいだとわかった。それが私が何とか変わりたいと言ったときだった。でも一晩では変わらなかった。私が今あるまでに至ったプロセスがあって変えられた。
　私はもう犯罪者ではない。私は犯罪者の考えは持っていない。私はもう人を出し抜こうとはしないし、盗みをしようとか、狡いことをしようなんて考えていない。自分の中にあった麻薬患者の精神構造はすべて別の方向に導かれている。私の社会への怒りはもっと前向きな方向に導かれている。今では子供たちが刑務所にこないようにする手伝いをしたい。
　私を変えたのは、苦痛、苦悩、非常に長い拘禁が組み合わさった結果だ。それと私がクリスチャンになったこともあるかもしれない。でもそれは3, 4年も経ってからだった。ほとんどが苦痛と、私の心が、私は決してここからは出

られないということに向いてしまうことだった。つまり、あなたが一週間のうち多分5日は前向きな考えを持ったとするね。でもそれから残りの2日は、あなたは「私はここで死ぬかもしれない」と言っているでしょう。時にはその容赦ない現実に打ちのめされてしまうものだ。それで私は変わりたいと思った。

　私なりに次のように見ている。この世に私をもたらすのに母が受けた苦痛に始まって、私の人生で私が母にもたらしたものといえば苦痛だけだった。私は私が原因で母に与えた苦痛と、私には母のために涙と苦痛を与える以外には何にもしてあげられることはないということについて反省を始めた。母に息子が終身刑を受けるのを見させること、母はクリスチャンなので、息子が人を殺したこと……これらすべてのことを母が知ることは、母が私の人生で私のために考えてくれていたことと、ことごとくまったく反対だった。私は、私が人のために何かをすることで、母が私にこの地上で生を受けさせるために受けてきた苦悩が無駄ではなかったと認められることを願っている。

　私はこれまでの人生でずっと楯突いてきた。だから、私は更生した、と言ったら、それは誤った表現だろう。むしろ、私は過去の私から、改心した、あるいは変身したと言ったほうがよいだろう。

　司法制度の功績は実に素晴らしい。多くのプログラムが提供された。私が38、39、40歳で最初に自分を変え始めたとき、これまでと違うようになりたいと思った。そこで刑務所は私に、思考プログラム、意思決定プログラム、積極思考プログラムといった、いくつかのプログラムを提供した。彼らは私に、どうやって考えるのか、どのように決心するのか、どうやって合理的な人間になるのか、どのようにして目標や向上心を持つのかについて、また、やり場のないエネルギーを変えなければならないということを教えた。これらのプログラムは私に、どうやって物事を大局的に見るのか、また、どのようにして私の変化と目標を実行可能な計画の中にはめ込むのかを知るための道具を与えてくれた。まさにそうなんだが、この刑務所は私が変わることと大いに関わりがあったし、私が私の人生を再構築するうえでとても関わりが大きかった。そして私はそのことに感謝している。なぜならば、もし私が刑務所の外側にい続けたとしたならば、それまでの生き方からいって、恐らくだいぶ前に死んでいたこ

とだろう。

　私にとって多くの人がお手本だった。黒人指導者の、ジェシー・ジャクソン、マーティン・ルーサー・キング、マルコムX、マークス・ガーヴェイ、ナット・ターナー、フレデリック・ダグラス。非常に多くの人が感動を与えてくれた。それと他にも私を奮い立たせてくれたアメリカ人がいた。マリオ・クオモもその一人だ。ナポレオン・ヒル、W.クレメント・ストーン、ノーマン・ヴィンセント・ピールもまた私を鼓舞してくれた。私の内部には私がなりたいと思うものになれる力があること、私は変身できること、そして、過去の私の在り方に留まる必要がないことは私にはわかっている。

　あの最初の写真の頃には、こんなことは何もわかっていなかった。自分では何でもわかっているつもりだったが、何にもわかってはいなかった。私はこれまで常に、成長する中で、最悪を想定して最善を期待することを教えられてきた。そして私は、何かを想定すれば、普通はそれが起こることを学んだ。私は常に悩まされることを想定していた。また、常に罰せられることを想定していた。振り返ってみると、自分自身にかなりのガラクタを持ち込んでいたとわかる。今、今日、私は、積極思考のお陰で、最善を想定する気持の持ち方になっている。それは、私が成長するときに考えていたことと違っている。

　ここでそれを維持していくのは大変むずかしい。でも、ここにいる非常に多くの連中が諦めてしまったので、私はそれをやらねばならない。私の気持ちは、私はここには留まっていない。なぜって、私には社会に貢献できる何かがあるのはわかっているから。私は、私のコミュニティに出掛けて行って影響を与えることができるのは、わかっている。私は、人が人生で経験できるまさにあらゆることを経験してきた。だから、私は豊富な経験をもたらせると思う。私は、見た目も行動の仕方も私みたいで、私が17歳のときに持っていたのと同じ考え方をする若僧と話ができる。私は彼に、彼が突き進んでいる先は地獄だと言うことができる。

　私が生まれ育ったところでは、人は、尊敬されないことによって判断される。そうすることであなたは一人前の人間になる。学校では、勉強しない奴、良い成績を取らない奴の方が、学校に行って勉強する奴らよりずっとか

っこいいと考えられている。もしあなたが学校で落ちこぼれて仕事に就いたら、そのことであなたは点数を稼げる。あなたがギャングの仲間になる。そのことであなたの点数は上がる。あなたが誰かを傷つけ、皆がそれを見ていれば、あなたはそのことで点を稼ぐ。あなたが誰かを殺したら、そのことであなたは本当に点を稼ぐ。つまり、あなたは、あなたが誰かの命を奪ったという理由で、一団の頂点に立つだろう。あなたが少年鑑別所に行って出所すると、誰もがあなたの背中をポンとたたく。「そう、そう、あんた刑務所に行ったんだ。」

　私が最初に逮捕されたとき、パトカーに乗りながら私がどんなに誇らしげに感じていたか思い出せる。私はパトカーに乗って地元を走り抜けていた。すると私は本当にやった！　っていう感じになった。あれは私の人生で重要な時点だった。それから私は有罪判決を宣告されて少年院に行った。そこは私が誰も尊敬しないことを本当に学んだ場所だ。そこを出所したとき、私は、もはや自分の父親のことを「父さん」と呼ぶことさえできなかった。父のことを「おい」とかその程度でしか呼びかけなかった。私の両親が私の内面に入れてくれた私のすべての感受性、あらゆる種類の思いやりと愛情、これらすべてがあの場所で私から取り上げられてしまった。それはそこが厳しい場所だったからだ。そこは地獄のような施設だった。

　私はそこを出て、お手本になった。私は以下のような哲学を仲間全員に広めた。それは、過酷になれ、殺せ、傷めつけろ、誰にも哀れみを掛けるんじゃない。だから私は、そのような考え方の布教者になっていることに罪の意識を感じる。今日私たちが目にする丁度入所してくる若僧たちだが、私が彼らの父親だ。私が彼らにそんな下らないことを教えた一人だ。私や、私と同じくらいの45歳の、彼らの先輩にあたる奴らだ。今彼らがやっているのと同じ下らないことを、私は既にやった。彼らが今日やっているような規模ではやらなかったが、私がそのようなことをやり始めた。

　そのことについて私は悪いと思っている。だからこそ私は今、彼らがそっちの方に突き進みそうなのを見るといつでも彼らに話しかけている。彼らがそうなったのは私の責任だとわかっているので、私はその償いをしようとしている。

　掟はこうだった。臆病になるべからず、「密告者」になるべからず、ホモセクシュアルになるべからず。これら三つがタブーだった。そこで、あなたが、

殺人者や、窃盗犯や、レイプ犯だったとしても、あるいは、あなたが老婆を殺傷するか、彼女たちのハンドバッグをひったくったとしても、それは軽蔑されなかった。

　私は他人を気に掛けなかった。私は精神なんていう代物は持ち合わせていなかった。私にとってのすべては私だった。私はハイになりたかった。私は金が欲しかった。私は、私は、私は、だった。私は皆を犠牲にした。私は、私の近親者を、私の母を犠牲にした。私は私を育ててくれた人、本当に私にとっては父親代理のようだった人、私の祖父を犠牲にした。私は祖父を強奪し、その年金を盗んだ。私はまったく良心の呵責がなかった。祖父は私を責め、私の家族も私を責めたが、私はそれを否定した。私はやっと4年ほど前に、伯母に対して罪を認めた。私が変わり始めてから、私は伯母に手紙を書いて、伯母と私が傷付けたすべての人にそのことを赦してほしいと頼んだ。つまり私は誰に対しても尊敬の念を抱いていなかったのだ。

　ね一、どうして私がそんなふうになっちゃったのか私にきいて欲しいな。私にはどうにも説明できない。本当に私が思うに、貧困が原因だ。私の家族には7人兄弟がいた。父に仕事はあったが、実のところこれらすべての子供たちの面倒を見るのに充分な給料ではなかった。だから私たちは極貧のうちにスラム街に住んでいた。こんなふうにして育てば、闘争がすべてを支配する。食べるために闘い、生き残るために闘う。学校に着て行くのに相応しい服なんてあるわけがない。私は学校には穴のあいた靴下と靴で行った。通学途中で犬の糞に足を突っ込んでしまった。私はそんなことは知りもしないで学校で席についている。でも犬の糞は私の靴下にくっついていた。だから、これが教室中に臭っちゃう。つまり、私が話しているのは、救い難い貧困だ。それはあなたから気力を取り上げてしまう。あなたは這い蹲って闘わねばならない。そしてそんなことをしていれば、あなたの中にある、他人のことを気遣う気力は死んでしまう。

　家の中で食べ物のための喧嘩や引っ掴みあいがある。もしあなたが遅れて来たら、あなたの食べる分はない。そしたらあなたは腹をすかせて寝床に就かなければならないかもしれない。これがあなたの中にある気力を殺してしまう。

だからあなたが世間に出て行くときには、誰もあなたのことを気遣わなかったのだから、そしてあなたは自分の家の中で闘ってきたのだから、世間に出てもあなたは誰のことも気遣いはしない。あなたはひたすら喧嘩をし、その日暮らしをする。あなたが家でやっていたことをそのまま、あなたは丁度家から出たところのあなたの地元でやる。あなたは隣の家に押し入ってその家のすべてのものを盗み、そんなことには全くお構いなしである。

　自尊心も関係している。あなたには何もないので、あなたはあなた自身と他人の違いを示そうとする。私は銃を突き出して強奪を始めた。それで私は新品の服を着ていたかもしれない。それで私は自動的に尊敬された。私は誰かを強奪したから地位を与えられた。そうやってすべてが始まった。

　あなたは一角の人物になりたい。それでいてあなたは内面からそうなろうとはしない。一角の人物になるためにあなたは服を着ようとする。帽子であなたをそうなれるかもしれない。スニーカーで一角の人物になれるかもしれない。

　これらは皆、うわべだけでくだらないものだ。しかしあなたの内面の人間は潜んだままだ。あなたはあなたの外見を着飾る。そしてそれであなたは一角の人物になる。ブランド物のスラックス、スニーカー、帽子。あなたは、あなたが買った物のお陰で一角の人物になるのであって、あなたの内面がどうであるかは関係ない。

　私の自尊心は、肌の色が黒いということで、実に低かった。私は自分で醜いと思った。そしてこれが私を狂わせ怒らせた。私は自分自身の内に苦悩を持っていた。人は内面に苦悩を感じていると、誰か他の人を傷つけたくなるものだ。あんたは全然そんなことないのか。ねえ、私は傷ついているというのに！　猛烈に傷ついているんだ！　恋人は一人もいない。私は女の子にアプローチしようとしない。だって自分で醜いと思っているから。私は自分のことを無価値で能無しだと思っている。

　私はそんなふうに感じているんで、傲慢な態度を取っている。自分で苦痛を感じているんで、あなたたちにもいくらか苦痛を感じさせようとしている。私には金はない。自尊心はない。私には何にもないんで、それでだから、あなたたちからもらおうとする。なぜってあなたたちは何かを持っているから。私は

あなたたちやアメリカが好きじゃない。だってあなたたちは何かを持ってるから。それだから、私はあなたたちを傷つけようとしている。そういうことさ。

　この写真を見ると、私のすべての青春は無駄に費やされたとわかる。23年という年月がここで無駄に費やされた。私が決して取り戻せない年月だ。実り多い年月だ。私は、この若者に起こったことに対して申し訳なく思い、自責の念にかられる。もし、私が、即ちこの45歳の男が、この写真から出てきて、彼、即ち22歳の若僧に話しに行けるとしたら、ねえ、私は彼に教育を受けるように命じるだろう。いったん立ち止まって自分の中にあるあの怒りと憎しみを取り出すように命じるだろう。私は本当に話すだろう。私には彼に言わなければいけないことがたくさんある。しかし彼はもういない。そしてその代わりにいるのが、この45歳の男だ。できないんだ。これは終わってしまった。だから、過去と、彼がいなくなってしまったという事実を嘆き悲しむことはできない。私が今できることといえば、私が見て、間違った方に突き進んでいるとわかる、他の22歳の若僧に話しかけようとすることだけだ。彼らに話しかけようとするだけだ。だって、私にはもはや、私自身に話しかけることはできないのだから。

　ある命が奪われた。私と同い年の黒人男性だった。彼が銃を引き抜いて私に狙いをつけた。二人は銃を取ろうと取っ組み合いになった。私が銃を手にし、彼の頭をぶち抜いた。彼は死んだ。そして今、丁度ここ、この刑務所で、私は緩慢に殺されているところだ。でも、そうである必要はない。私は刑務所を出て、外でお役に立つことはできる。私は彼が死んだことを申し訳なく思う。また、私の手が、彼の命を奪った手であることを申し訳なく思っている。しかし、私には、刑務所を出て、外でお役に立つことはできる。私は一つの命を奪った。しかし、もし機会が与えられるならば、今度は多くの命を救うことができる。私は刑務所の外に出て行くことができる。そして私には何が若者たちを捕らえたかがわかるので、私の地元の若者たちに話すことができる。私は、すべての若者たちを救えるとは言っていない。しかし、私が泥まみれになって救える危険な状態にある若者たちが何人かはいる。私には多くの命が救える。

　私は金はいらない。でかい車はいらない。そんなものは何もいらない。なぜなら、それらのどれもが何の意味もないことを私は知っているから。私が死ん

で棺に入れられたときに、人々が次のように言ってくれるのを私は望んでいる。「あー、彼の人生は、始まりは悪かったが、終わりは良かった。彼は若いときはワルだった、確かに。しかし彼を見てみろ。彼が死ぬ前にやったことを見てみろ。彼は人々を助けた。あの若者たちを救った。そして彼は、刑務所の外のここで、子供たちのプログラムを始めた。そして彼は刑務所の中に戻り、真理を教えた。」それが、私の遺産がそうであって欲しいと思う内容だ。

若者がここに入所するのを見ると、私の記憶が蘇る。私には、彼らをちょっと見るだけで、そして彼らがどうやって入所してきたかで、彼らがどうなるのか、そして、彼らの人生がどうなるのかを言うことができる。私は彼らに、「私の過去があんたらの将来になるだろう。もし、あんたらが変わらなければ。」と言う。教訓を懸命に学ぶことを選択する人もいる。それが、私が自分の教訓を学ばねばならなかったやり方だ。

　私は、この初期の写真の男と間違いなくつながっていることを感じる。なぜなら、彼が、私のことを今日の私のように変えた男だから。彼の苦痛と苦悩があったからこそ私は今日のような形で感情移入ができ、思いやりのあるように変わった。私は彼と一緒に行く。なぜなら、私は彼の視線で見ることができるから。そうすることで私は若者たちと関わることができる。なぜなら、彼が私に、彼らが何をしているかを教えてくれるから。彼には嘘はつけない。なぜなら私は既に知っているから。私はそのすべてを経験している。私が言おうとしていることはわかるでしょ。

ハリー・トゥイッグ

イヴォンヌ・クラウド
YVONNE CLOUD

「(終身刑って) しがみつくものが何にもないっていう感じ。完全な暗闇の中にいて、あんたには、光がその闇をぬって輝いてくるのかどうかがわからない、というような感じ。しかし、たとえ私がひどい状況にいるとしても、私よりももっとひどい状況にいる人々もいる。いつでもあんたよりもっとひどい状況にある人はいるものだ。」

ブライアン・ウォレス
BRIAN WALLACE

「人々が『終身刑』と言うとき、一人の人間の希望を取り上げてしまう。そして、希望を取り上げられてしまったら、人には他に何があるのか。できることは、希望し、祈り、前向きの方向に懸命に努力し続けることだけだ。」

マーク・グレイバー
MARK GRABER

「私が友人に電話すると、彼らが『今週末海岸に行くんだ。』と言うときがある。彼らにはよかったなあ、と思うんだが、それから、こたえてしまう。——私も彼らと一緒にそこにいてもおかしくないのに、そうじゃない。私はここから離れられない。」

私が最初に刑の宣告を受けたとき、刑期は12年か、その程度に過ぎないのではないかと思っていた。それから私は、刑務所で40年近く過ごした人たちと会って、本当にショックを受けた。

でも時々私は、私が刑務所に来たのはよいことだと考える。誤解しないで欲しい。私は死ぬまでここにいたくはない。しかし、ここに来たことで、私は物事をまったく違った方法でみることができるようになった。例えば、私には持っているものがあまりなくなった今となってみて、家族や友人がいかに大切であるかに気がついている。

　私が殺人を犯した夜に警察署にいたとき、私は、タフガイを演じようとしていた。刑が宣告された後でも、本当に私が何をしでかしてしまったのか、どれほどひどいことを私がしてしまったのかは、まだ私にはこたえてはいなかった。それから私の祖父が他界した。それで私は、私がやってしまったこと、人の命を奪うこととかそんなことに、何だか感じるところがあった。私は祖父に親近感を持っていたので、私は、奴の両親や兄弟、姉妹が、奴が死んでしまったときにどんなふうに感じたであろうかを想像することができた。私の喪失感が、彼の家族が感じたに違いない喪失感を私に実感させた。時が経つにつれて、私はやっと、私が本当にやったことを、ほんの少しばかりより自覚するようになっている。そしてそれは、私には取り返すことができない大変なことなのだ。

　私は始終そのことについて考えている。私が逮捕されてから、毎朝、先ず目を覚まして、状況が違っていればと願っているが、そのことは私の頭から離れない。時々私はベッドに入って考える。多分もし私が眠れば、1990年2月9日、事件が起きた日に戻って私は目を覚ますだろう。そうしたら私たちは、事態をきちんと直すことができる。しかし私が目を覚ますのはロックビュー刑務所でだ。

　私は前向きのままでいようと努める。すると何かが起きて、あなたの気分をまさに一転させてしまう。それはあなたには衝撃だ。というのも「私は決して刑務所から出ないだろう。」となるから。次に起きることはご存じの通りで、ドカーン！　あなたはまた落ちるところまで落ちてしまう。

　人々が刑務所について考えるとき、肉体的な暴力を考える。しかし、精神的な苦悶も大いにあるのだ。

マーク・グレイバー

シェリー・ロビンソン
SHERRI ROBINSON

「私は、16歳のときに逮捕された。今、入所してきたばかりの、17〜18歳の少女がいる。私はとても気の毒に思った。私は、彼女をひっつかんで、抱きしめて、大丈夫だからねと言ってやりたかった。でも私には大丈夫ではないことがわかっている。」

私は刑務所で育った。刑務所での生活だけが私が本当に知っている生活だ。私は一度も車の運転を習わなかったし、私自身の車に乗ったこともなければ、スキーやその他、子供が16〜17歳でやることをしなかった。

日は月になり、月は年になる。あなたの家族は最初のうちはいるが、年が経つにつれて、次第に姿を消し始める。母さんが５月に他界した。一番辛かった。私は母さんは何が何でもいるものだと思っていた。私はいつでもいろんなことについて母さんに話ができた。私は、終身刑を勤めることが、私に起こりうる最悪のことだと考えていたが、母さんを失うことが最悪だった。私は、私が参ってしまわないように、そのことは考えないようにしている。

　私が逮捕されたときには、私はとても幼かった。まるで、起きうることは何でも起きるという感じだった。今私は、いろんなことを、それで当然だとは思っていない。いろんなことについて私は次のように考える。「もし私がこれをすると、その結果として何が起きるだろう。」

　ここの刑務所では自分自身の人生を思うようにはできない。しかし、自分の運命を思うようにすることはできる。もし目覚めて、「私は、私の終身刑の今日という日を惨めなものにしよう。」と言ったら、そうなるだろう。運命はあなたが決めることだ。そして私には、ここの外ですることがあるので、ここから出るために闘うつもりだ。私が人々から取ってしまったものを、人々にお返ししたい。

　私の夢は、白のリムジンで、後部座席にはシベリア・ハスキーを脇に座らせて、ここを出ることだ。私は、自分がしていることを考えながら道を進んで行きたい。そして、山の頂に座って、私の人生設計をしてみたい。ただそこに座って、私の残った人生をどうするかを考える。それが私の夢だ。

シェリー・ロビンソン

カルヴィン・マーティン
CALVIN MARTIN

「順調というわけではないね。でも、命はある。うまく生きてはいないね。けど生きている。」

　もし私が、入所したときと同じようにして出所するとしたら、私は価値ある存在にはなれない。だからそれが、私を衝き動かし続け、私は変われるという希望を持ち続けることができている。

　私がここに来たときの最初の心積もりは、問題を探し出してそれを素早く取り除くことだった。ある古参の受刑者とそれからラプ・ホールさんという名前

の先生が、私の向かう向きを180度変えてくれた。私はその先生の言葉を決して忘れない。「あなたは直ぐに悪い方に行きそうね。でも、あなたにはそれをまったく変えることができる。あなた以外にそうできる人はいない。」毎日彼女はひたすら彼女の伝えたいことを反復し教え込んだ。そして古参は、私の中に、私自身では見えない何かを見た。彼は私に敬意を表した。だから私はそのお返しをしようとした。

　私が拘禁されるまでは、私の家族の人生には何も問題がなかった。私にとって最もつらいところだ。私は妹のことを考える。私に彼女の手助けができればよいのにと願う。あるいは、保護施設で寝たきりの弟のことだ。もし私がそこにいられたら、私には何か役に立つことができるのはわかっている。

　私は人が自殺するのをみたことがある。かれらは激しく動揺して、自分の手首を切って、一夜のうちに出血死するまでになってしまう。あるいは首にロープを巻いて、階段から飛び降りる。あなたはゾッとするようなものを見る。そういうことがあるので、あなたは自分を見失わずにいられる。なぜなら、あなたは自分の独房に戻って考える。「くそっ、俺はあんなふうにして、ここから出たくはない。」と。それからあなたは、なぜ彼がそんなことをしたのかを究明しようとする。あなたは既に、どうして彼がそうしたかの理由について、8割方はわかっている。しかし2割はわかっていない。彼の女が彼と別れたのか。彼の家族の誰かが死んだのか。あなたは、そんなことがあなたに起きた場合を考えて、そういう場合にはどう対処すればよいのかを知るために、これらのことを知っておきたいのだ。

　それが私のいつものやり方だ。私は、実際に試行錯誤をしてから、人生の教訓を学ぶようなことはしない。他の人々の試行錯誤から学ぶ。彼らが過ちを犯し、それが彼らに犠牲を強いるとき、私は、調べて理由を探りたい。人々は何かよいこともする。すると、彼らは高まる。私はそのことについても知りたい。それがあるので、自分を見失わずに、私の希望を生かし続けられている。この他には、別に何もない。

カルヴィン・マーティン

ウィリアム・フルツ
WILLIAM FULTZ

「私は、もしあなたが考えないと、他の誰かがあなたの代わりに考えるということを学んだ。それと、命はとても貴重だということを。」

　私が最初に来たとき、私が住んでいる地区から拘禁されている連中が非常に多かった。あるときなど、一つの監房の区画内に、私の地区出身の連中が21人もいた。私が彼らを見てみると、彼らが同じことを何回も何回もやっていることがわかった。私は思った。「こんなことはどこかで止めにしなければだめだ。私の残りの人生をこんなふうにはしたくない。」そこで私は、自

分自身にやる気を起こさせた。私は思った。「ここは私のいるところではない。」

　10年以上前に所内で人質籠城事件があったとき、私は所内の病院で働いていた。私は志願して、人質、守衛、収監者に薬品を持って行った。私には何が起こりうるか、ことの結末の可能性はわかっていた。私にとっては、そのような何かを任せることができる人間であると見られたことは、私がそれまでに進歩したという証しだった。

　正直に言えば、私自身を知るようになるにはここでの時間が幾分必要だった。私のそれまでの生き方のために、私には本当にいくらかここでの時間が必要だったということは認めるつもりだ。しかし今は行き過ぎじゃないか。私は自分の過ちがわかっている。学習する人もいれば、学習しない人もいる。私は学習した。

ウィリアム・フルツ

ジョゼフ・ミラー
JOSEPH MILLER

「私は25年間飲酒をした。それは止めたが、ここにいることの真の苦痛を感じ始めた。そして今、私は、じっとして、苦痛にも幸せにも何事にも面と向かわなければいけないと悟るようになった。それが、終身刑とは何かということだ。今は、美術のお陰で毎日を過ごしている。」

毎日憂鬱だ。毎日同じだ。あなたは死ぬために、ただここにいる。しかしそれでもなお、人生が進むにつれて、あなたは人生を生き、変えようとし、何かをしようとし、人間らしく感じようとする。私たちは皆、生産的であ

りたいのでに、私たち自身の道を見つける。

　私の場合、美術が私を衝き動かしている。私は何でも描く。丁度今、礼拝所のプロジェクトに取り掛かっているところだ。「最後の晩餐」で、縦7フィート、横11フィートだ。

　私はあるテレビ番組を見ていた。そして、ボブ・ロスが30分もかけずに風景画を描くのを見た。ある種、感動を覚えた。そこでパステル画をやってみて、それから油絵に移った。今私は成長している。美術が療法として役に立っている。私は考えることができるし、以前はできなかったのだが、物事を解決することができる。それは、自分では持っているとはわからなかった、神から授かった才能で、それを見出せたことを神に感謝する。私は今、自分の人生を生きているような気がする。

　以前、私は弱い人間だった。慢性アルコール中毒患者になった。私は食べることには無頓着だった。私はひたすら飲んだ。そして、私は飲酒と一緒に処方薬を飲んでいた。それが、私がここにいるようになった経緯だ。

　Alcoholics Anonymous（アルコール依存者更生会）のお陰で人生は苦痛だということを実感できるようになった。飲酒をしているとき、あなたは人生から逃げている。今、私は、じっとして、苦痛にも幸せにも何事にも面と向かわなければいけないと悟るようになった。それから逃げることはない。

ジョゼフ・ミラー

アルヴィン・ジョイナー
ALVIN JOYNER

「時々何かするとき、私は思う。『私は、ある天使がこのことを記録して欲しい。私は秤がつり合って欲しいと思う。』こうして私がここにいるということは、秤のつり合いが取れていないからだ。しかし、神は何事もご存知で、そして神はいつでもおられることは知っている。だから、私はただ、私にできる最善を尽すだけだ。」

刑務所は地上でもっとも人間性を奪う場所だ。私にはこれ以上ひどいものは考えつかない。私は家族を連れて動物園に行き、動物たちを見た。思うに、彼らは多くの点で、私たちのここでより、若干より良い状況にあるようだ。

私は最初の何年間か、「私は決して出るものか。」と言った。妻は私と離婚した。そして私にとっては、決して二度と再び自分の子供たちには会えないかもしれないという事実を受け容れることはつらかった。今、15年が過ぎ去って、私にはトンネルの端に光が見える。私はいくらか信仰心が増し、祈りを通じて力をいっぱい手にしている。

私は、純粋な意味でどのように表現すればいいのかまったくわからなかったが、私は今までずっと、まさに神を畏怖していた。しかし当時は、私は祈りの価値を知らなかったので、今ほどには祈らなかった。今、私は気がつくと一日中、短い祈りを捧げている。

現在は、私は共感することが以前より多い。どうしてそうなったかと言えば、私の内面のすべての扉が開け放たれたからだ。私は何が男らしいことなのかについて誤った見方をしていたので、多くの感受性を表に出さないでいた。以前はよく、泣くことは男らしくないと考えていた。今では、人が泣くとき、それは力に満ちた、成長の一つの姿だとわかった。ここの中では、こんなふうに私が話せる連中は、ほんの数人しかいない。しかし泣くことは強さの一つの現われだ。それは魂を清めるもので、私には良いことだ。今では、誰かが私に彼の母親が亡くなったと告げたら、私も家族が他界したことがあるので、彼のことを本当に気の毒に思える。

　私は誰との間も、腕の長さの距離を保っている。それはソフトな防衛策だ。というのは、お互いに本当に近いことに慣れていた奴がいた。彼は終身刑で服役しているのではなかった。私と奴とで、よくどこにでも行ったものだ。彼が去ったとき、私は胸が張り裂ける思いをした。彼は私を後に残して去った。そして、私の中のどでかい部分が彼と一緒に行きたがった。私は思った。「今後永久に、付き合うのはここにいる人間とだけにしよう。そして、あのような2人で1チームのタッグ・チームのようなことはしたくない。終日こっちの後をついてきて、食事も一緒というようなことは無しだ。」と。そうすれば、私があのように傷つくのをいくらかでも防げる。

　最近の25年が私の人生でもっとも速い25年だった。年月はまさに飛び去る。まるで、ある日私が目覚め──1月──翌日目を覚ますと、6月になっている。そしてその次の日を見ると──クリスマス！　になっているようだ。毎朝起きて、私が洗面やらその他何やかやの前に、ベッドの上で5分から15分座って、私は訊ねる。「これは現実のことなのか。悪夢なのか。私は死んで、他の人間になって戻ってきたのか。神様、私の言ってることを聴いてるんですか？」

　ずっと暗い日が多かった。本当なんだ。でも私はそんなには苦しまなかった。なぜなら、私が思うに、毎日、私は誰かを引き上げるのにお役にたってきたから。私のことをアンクル・アルと呼ぶ連中がいるので、何回も、私自身が聖職の白い襟を身につけているような気分になる。私は皆の言い分に耳を傾ける。そうしていると私は、毎日私が作業をしたり、外で仕事をするよりももっと疲れきってしまうように思う。時には、今日は私のところに誰も何にも問い合わ

せに来なければいいのにと願うことがある。しかし、人々に仰ぎ見られると実にいい気分だ。

　私自身については、どのように一対一で神に近づけばいいのか、まったくわからない。私の心の奥深いところでは、たとえ私自身では実際には誰も殺してはいないにしても、あれは恐るべき犯罪なので、私はここにいて当然だと自分自身には言っているのかどうかはわからない。あれはやはり恐るべき犯罪だった。多分私は、そのような理由で、ここにいるべきなのだろう。なぜなら、死んだ人は、彼の家族のもとには決して戻ることはできないのだから。彼らがどれほどの苦痛と苦悩を一生涯経験しなければならないのか、私には十分想像できる。だから、多分私はここにいるべきなのだ。それからほとんど同時に私は神に「今だったらどれ位の期間でしょうか。」と訊ねている。時々、私は、あとどれだけ耐えられるのかと思う。

　ある種のことは規定されているか運命づけられているという人がいる。なので、私はここにいるべきだと運命づけられていたのではないかと思う。私はここで、人生を非常に実り豊かにしてくれた人たちに会った。例えば、私のガールフレンド。彼女は私と15年半付き合っている。とてもいい人で、しっかりとしている。もし私が刑務所に決して来ていなかったとしたら、彼女には会っていなかっただろう。だから私は、どんなことに対しても、どれほど私がそれに値するのかについて非常に混乱している。

　それが私をもっとも悩ませていることだ。あなたが眠りを求めベッドに横になったときのあの短い時間の中に、いつでも、あなたが考える短い瞬間、あの短い時間がある。普段はこんなときにこういったすべての疑問が湧いてくる。

　私は神に、私がここにいる理由に対して私を赦してくれるよう努めてお願いする。私は神に何らかの方法で、亡くなった人の家族に触れてくれるように嘆願する。私は神が真の判定者だと理解しているので、神を通しての赦しを求めるよう努める。そして私はとても後悔している。誰かを殺したり、自殺したりするのは、実に重大なことだ。

アルヴィン・ジョイナー

レネー・トーマス
RENEE THOMAS

「終身刑って、私には消せない火のようなもの。火を消すのに充分な水がない。なぜなら、私がどんなに懸命に私を向上させようとしても、それではまったく充分じゃないから。」

トーマス・マーティン
THOMAS MARTIN

「私がやったことを元に戻す方法はない。しかしある程度までは、私の行動が起こした苦しみは理解している。終身刑についてもっとも辛いことは、私が引き起こした危害のことだ。」

「ものを考えている人というのは、一日一日が重要であって欲しいと思うものだ。多分、そのことはジレンマの一つだろう。私たちのあまりにも多くの者がここの中では考えている。そこで、『どうやって私は何とかやり抜こうか』と言ってではなく、『今日という日を意味あるものするには私には何ができるだろうか』と言って、一日一日と向かい合うことになる。」

3 　〜4年前だったか、地元紙に、目の不自由な学生のための点字を打つボランティアを求めている学校についての記事が載った。妻を通じて申し込みをしたところ最終的に受理された。初めに私は点字技術者と膝を交えて、点字言語を学んだ。その後コンピューターを持った。私は学校の子供たちの教科書を始めた。私の目標は、事実上は終わってしまった私の人生から、何か役立つものを作り出すことだ。

　終身刑は、要するに、あなたは死んだということを意味している。それはまさに、死刑のもう一つの形である。遺恨を一撃のもとに発揮させる代わりに、あなたは、一度に一日ずつ死んで行く。

　私は変わった。私は、一定程度までは、私がしたことによって、グリフィン家の人々がどんな苦しみを味わっているかを理解している。彼らは、自分たちが原因ではない何かに巻き込まれてしまった。今、夫のジェイムスが死んだ。今彼の妻が何をしているのか、私は知らない。しかし夫の死は彼女に影響を与えた。そして彼の父や母にも。それに対処できる方法はまったくない。

　被害者は刑事司法制度のもとでは存在しない。刑事司法制度は、国家の権限だ。国家が傷ついたのだ。被害者を司法の場に呼んで話は聞いてみよう。そうしたらお引き取り願おう。被害者は、欠けたところがない状態にされることを想定されていない。

　刑事司法制度は、被害者が有意義な方法で、欠けたところがない状態にするための制度になるべきだ。もしその償いをするのに私の残りの人生が必要だとしたら、それは、私が償うべき方法だ。しかし、もし私が監房の片隅に座り、誰か別の人が、私が刑務所にいるための償いをするのなら、私は、何の償いもしていないことになる。

トーマス・マーティン

ジェリー・ミムス
JERRY MIMS

「絶望のど真ん中で、できる限りバランスを維持しようとする。そしたら、人生で目標を持っている人たちと力をあわせなきゃだめだ。」

グローヴァー・サンガー
GROVER SANGER

「(終身刑には)日付がついていない。私に扱える時間がついていない。その最後には数字がついていない。」

サイド・バーガー
CYD BERGER

「私の子供たちが成長するのを見れないのは残念だ。子供たちの野球の試合に行けないのも寂しかった。お風呂に入るとか、私自身の冷蔵庫を開けるとか、何にも意識しないでいるといった、些細で単純なことごと、そういったことがないのが残念だ。」

「私が自分自身にホッとできるようになってから、私から援助の手を差し伸べた。時には、ここでは余りやられていないことだが、私は人を抱きしめたり、抱いたり、触ったりして、気遣っている人がいることを知らせたりする。私はここに来たとき、門番のところに私の感情を置いてきたりはしなかった。」

私がここに来たとき、私は繭の中にいるようだった。その時から、私は成長してきた。私は今、蝶になり、飛び立つ用意ができている。私は世間に提供できることがたくさんあると思う。そこで私は、もし私がここを出るならば、ひたすらそのことをすると、私自身に約束した。

　私は、今のように、私が誰であるかという明確な感覚をいつも持っていたわけではない。私が外に出たとき、私は皆を喜ばせることに夢中になって、彼らの期待を実現させようと努力した。私は私自身を除く皆のために生きた。私が刑務所に来たとき、私は、どうやって自分を愛するのか、どうやって私自身のことを気遣うのかを学んだ。今、私はもっと先に行けるし、他の人たちを助けられる。もし私が間違えたら、私の間違いだと認められる。私は今の私が気に入っている。以前は、私は自分のことがあまり好きではなかった。

　あなたが拘禁されているからといって、あなたが厳しくて冷淡でなければならないということではない。時には、微笑みや気にかけているという一言のようなとても小さなことでさえ、人をとても高揚させることがある。私は、この場所が、私に人間的であることを怖がるようにはさせない。私は、頭をうな垂れてこの中で過ごすことを拒絶するし、当局が、私の誇り、尊厳、そして、私が誰であるかという自覚を奪い取ることを拒絶する。私に対して、収監者だろうが囚人だろうが、どんなレッテルを選ぼうと、私は、先ずもって人間だ。

　私は「感情を内に抑え込むタイプ」だった。そして今でも、人の肩で泣くような人間ではない。私はいろんなことを自分の内に抑え込むだろう。でも、私が心の安らぎを必要とするとき、私は、何を言っても心配する必要のない場所に行く。神のところに行って祈る。私は神の前で泣くことができるし、世間に対して裸になれる。そして神は私のことを気遣い、たとえ私が泣いてもそのことで審判しないだろう。

　人生が何をもたらそうと、私はそれを正面から受止めたいし、受け容れたい。そしてその神秘を解き明かしたい。私はこれらのことを、たとえここにいようとも、元気よくやりたい。

　女性の終身刑囚は透明人間的存在のようだ。誰も私たちがここにいることを知らないようだ。あなた方は始終、男性の終身刑囚について、その卒業だとか、彼らが抱えていることだとかについて読む。私たちが卒業するとき、新聞には

載らない。私たちはここにいる。しかし、誰も私たちがここにいるということを本当に知らない。

　非常にたくさんの被害者がいる。犯罪がその人に起こったらその人は被害者だ。私たちの家族、子供たちも被害者で、実際のところ、私たちも被害者なのだ。ここの中にはその才能を無駄にしてしまうだろう、多くの才能豊かな美しい女性がいる。私は、私の魂の奥深いところでは、私たちの経験と影響力をもってすれば、まさにここ刑務所の中でも、私たちの次の世代にとって助けとなるものがあると信じている。

サイド・バーガー

ジョン・フレデリック・ノール
JOHN FREDERICK NOLE

　下の写真は、私が1971年に入獄した直後のものだ。それから26年間拘禁されている。逮捕されたとき、私は17歳だった。
　17歳のときの私はとても手に負えなかった。多くのことを当たり前のように考えていた。終身刑が本当にこたえたのは、それから2～3年経ってからのことだった。初めのうち私は、チャンスがありさえすれば、遊び歩いて、球技をするとか、若い連中ならやることをやった。そのときは、私の事件のことはあまり気に懸けていなか

った。法律、教育、そんなものはどれもこれも、まったくどうでもよかった。

　私は娑婆でも同じやり方だった。私がやりたいことは何でも永久にやらねばならない、といった具合に、何もかもそれで何が悪いのかと考えていた。それにそんなことは大したことではなかった。なぜなら、私の心は、当座のことにしか集中していなかったから。

　しかし私は、本当に自分の人生を何とかしないといけないということ、私が自分で思っていた以上にいくらかは能力があるということがわかり始めてきた。入所後4年ほど経って、私は私の生き方を変え始めた。学校に通い始めて、GED（訳者注：General Educational Development（tests）一般教育修了検定）に合格した。それは大きな意義があった。私にとって画期的なことだった。素晴らしい気分になった。それは、私の家族に私のことを誇らしく思わせる初めての機会だった。しかしそれ以上に、このお陰で、私は一人の個人として私には何ができるのかがわかるようになった。

　その前は、私はそんなことは知らなかった。どうしてかと言えば、私はどうということもない生き方に方向付けられていた。スポーツはそれほどすごいことではなかったし、仲間が弁護士や医者になるのを絶えず目にするということはなかった。私たちは誰も尊敬しなかった。英雄なんていなかった。黒人の歴史は、私たちにとってはほとんどないに等しかった。黒人が歴史上何をしたかを学ぶには私は刑務所に入らなければならなかった。

　私には、娑婆で自尊心があったのかどうかわからない。私が何かをやるときは、私が一緒になってたむろしている若者のグループがすることにほとんど従っていた。私は、自分を彼らと違うようにしようなどとは決してしなかった。私は、「フレディは皆と一緒じゃないから、俺は盗みには行かない。盗みに行く必要はない。」とは言わなかった。どれも行動には移さなかった。

　本当に考えるということがなかった。立ち止まって、一息ついて、何が正しくて何が間違っているかを合理的に考えようとはしなかった。たとえわかっていたとしても、受けがよければ何でもやった。娑婆では、私自身のアイデンティティの感覚はなかった。それが多分私が今ここにいる理由だろう。私には、そのアイデンティティの感覚は、私が刑務所に来てやっと初めて出てきた。私はまったく、ワルの一団の一員でしかなかった。

そ れから私は教育を受けた。教育が、今日私がある、そのすべてを作ってくれた。教育によって私は、私が自由にしていた社会でやっていた生活がいかに無駄が多く、非生産的であったかを理解することができた。もし私が、私の人生のうちの17年間を取り出して、ゴミ箱に投げ入れてもう一度やり直せたのなら、私の人生はまったく別物になっていただろう。

　私の教育は、グレイターフォードで、古参の終身刑囚たちと一緒に始まった。あなたはこれらの人たちの近くにいられなかったし、物事を知ることができなかった。彼らは皆、彼らが持っている、自由と独立のほんの少しを得るため、その度ごとに闘ってきた。私は、刑務所にいて生き残ってきたこれらの人たちを崇拝した。この人たちがやったすべてのことは、他の誰かは、非常に重要性が低く、意味がないと考えるかもしれないが、そんなことにはお構いなしに、彼らにとっては意義深かった。彼らは彼らの仕事、廊下のモップ掃除、衣類の洗濯、靴磨き、身なりをまとめること、健康で丈夫であることに誇りを持っていた。これらのすべてが彼らにとっては重要であった。彼らの存在に関しては意味のないことはなかった。

　その当時、刑務所は非常な暗黒時代の中にあった。そこではある種の読み物を持つことは許されなかった。たとえ持ったにしても、あなたはいくらか隠れて読まなければならなかった。私はよくこの人たちが、小説の50〜60頁を順番に譲り渡すのを見たものだ。最後の人に届くときまでには、その本はもと通りの一冊の本になった。その様子には驚かされた。そしてそれを見て私は、「お前なら同じようなことができるぞ。」と自分自身に言った。

　そしてそれから私に、「おい、おまえは若い。おまえはここで永久にやっているんじゃないぞ、わかるか？　教育を受けろ。学べることなら何でも学べ。」と言ってくれる人たちがいた。彼らはよく私に、彼らが私にして欲しいと思う三つの基本的なこと語ったものだ。それらは、読み方、書き方、タイプの打ち方を習うことだった。

　私 が読もうとした最初の小説は、クロード・ブラウン著 Manchild in the Promised Land（『ハーレムに生まれて』）だった。読むのに3週間かかった。私のわからない言葉があった。そしてこのジムという仲間の一人が、私にそれ

らを書き出すように言った。死刑が廃止されたときに死刑は免れていたが、死刑囚監房に入ってるもう一人の仲間がいた。彼はよく私に、単語や作文用単語がつまった英語の覚書帳をくれたものだ。そして彼はよく、「ほら、30語持ってるぞ。さて、あんたはこれが終わったら、俺があんたのテストをする。そしたら、もう一丁やろう。」と言うのだった。

　こうして私の教育が始まった。これは、私が、一緒に育ってきた人たちと自分自身の違いを出し始めたときのことだ。私が25〜26歳ぐらいになるまでには、終身刑囚の組織の会長になっていた。私はそのとき以降、まさに成長するのを一度も止めなかった。これまで私には何かを達成することは不可能と私に感じさせた人は、外の友人でさえ、誰もいなかった。

　私には、私がここに来てからの26年間のうちのほぼ23年間の友人であるリンタがいる。教育のある学校の先生だ。彼女は私に、まるで私が能力があって、知的で、考えがはっきりしている個人ででもあるかのように感じさせた。たとえ私がそうでなくても、彼女は私がそうであるように扱った。そして、例を出して、私がもっとできるということを示した。

　もう一人は、リンカン大学の政治科学の教授だ。彼女は、私が書いた詩を読むように勧めた。前に言ったように、私はひたすら前に進み続けた。私は、何もできないのではないかとは一度も感じなかった。

　ある晩、私はテレビでコリン・パウウェルのインタビューを見ていた。私がこの男を見るやいなや、私が心の中で最初に言ったことは、「あれは私でありえたかもしれない。」だった。私は、ここの管理官を見て言う。「あれは私でありえたかもしれない。」私はこれらの人々に比べて、彼らが成し遂げたことを成し遂げる能力において、いくらかでも劣っているとは感じていない。私が前に進まなかったのは、唯一私の人生の初期の段階だけで、そのとき私は人生についてと、私には本当に何ができるのかについて、正しい展望を持っていなかった。

　これらすべてことから得た私の教訓は、もし私が生きたような人生を生きた人を変えたいのならば、彼らが何も学んでいない環境から、彼らを移動させなければならないということだ。私は社会から何度か移動させられて破

減したが、その原因の一つは、古い型が依然として根強く、充分な支援の仕組みがない同じような環境に送り出されたことだ。

　私がそのような環境から離れているときには、よい機会を持った。例えば、私が9歳から11歳までのころ、寮父母がいて、定期的に通学する施設に行った。私たちは雑用や、子供が学ばねばならないあらゆることをやった。私たちは、売店で使える金を稼いだものだ。映画を観に行ったり、スケートリンクやハイキングに出かけたり、コーン・ローストと呼ばれるものやその他のものを食べたものだ。合唱会もやった。これらはすべて、人の面倒をみる、良き、健全なアメリカ的な活動だ。しかし私が、生まれ育った南フィラデルフィアのスラム街に戻ったとき、私のまわりの誰もが、こういったことについて何も知らなかった。キャンピングもなければ、コーン・ローストもなく、子供たちを釣りに連れて行く父親や母親もいなかった。

　次第に、私が学んだこと、私にとって意味があったこと、私が気に入っていたことのすべてが、かなぐり捨てられなければならなかった。そして私は再び、私が付き合っていた人たちの生活レベルに適応し始めなければならなかった。それも、愚かであることが良いことだという程度にまで。

　私は、学校で勉強したり学んだりする良い習慣をすべて払い落とさねばならなかった。なぜならば、もしあなたがあまりにも賢いと、人はあなたを馬鹿にしたから。自己認識（セルフ・アイデンティティ）がないと、あなたはそういう状況に負けてしまう。私が好ましくない環境から離れても、同じ環境に戻ってしまうことの繰り返しで、まったく同じことだった。これが、もし私が釈放されるようなことがあったら、私には、理解力と精神の安定、そして間違いなく「いいえ、それは私がしたいことではない。」と言う知性があるということを私の人生の中で初めて感じたときだ。

　私がグレイトーフォードにいた1984年に結婚した。私はそれまで、誰とも一度も恋愛関係になったことがなかった。なぜならば、何かが起きるとすぐに、人はいなくなってしまった。そこで私は再び考えた。もし自分がこの女性の人生の中に入るのならば、それは続かないのだから、当面の間だけ楽しめばいいのだ、と。私たちはこの考え方に信を置かなかったのだから、この

考え方を本当に発展させることなかった。私の妻は、人には辛いときもあれば、不安定なときもあるが、それでもなお、あなたはあなたらしくしていなさい！ということを私に示した最初の人だった。
　そのような種類の教育を受けたので、私は今、全面的に一夫一婦制の関係を信じる。私は、別の女性がどれほど良く見えようが、あるいは、別の女性が私に何を提供できようが、まったく気にしない。なぜならば、そんなことは重要ではないからだ。重要なことは、私が置かれている状況にも関わらず、私の人生の中に留まるために、私のことを十分に気遣ってくれる誰かが私にはいるということだ。これは私に、恋愛関係について、また、誰かと共にいることについて、そして誰かを本当に愛し、気遣うことについて、私がこれまでに他のどこで学んだどんなことよりもより多くのことを教えてくれた。
　私は仲間たちの話にさえ耳を貸さない。つまり、私は、連中が始終私に、「おいおまえ、刑務所の外の町中ではなあ、何にもしない女なんていやしないぜ、なあ。女は皆何かやってんだよ。」と言っているのを聞く。さて、私は、今ここで心から、私の妻が、私を愛し、私を気遣ってくれること、そして希望を持って、私をここから出す方法を見つけようとしていること以外には何もしていないことがわかる、と言える。でも、私が、「あーそうだよ。その通り。『去るもの日々に疎し』だ。」言ったときがあった。私の妻だからこそ、私はもうそんなことは信じない。わかりますか？　まさに私の妻だからこそだ。
　私は主として他の人たちとの相互作用を通して思いやりを学んだ。それは、常に、ちょっとの間でも、自分を他人の立場に置くことができるということを意味する。なぜなら、10回のうち9回は、あなたは既にそうできているのだから。もっとも大事なことは、あなたが傷ついているということを恐れて言わないことではない。私の妻が私にそうした方がよいと言ったもう一つのことは、「ごめんなさい、あなたを愛してる。あなたのことを気に懸けている。」のようなことを言うことができるということだ。難しかった。でも、私の妻は、そういうことを言っても何も問題はないということを私に理解させた。
　私はそれ以前に、そのような例を見たことがなかった。私の父と母が互いに愛していると言うのをこれまでに一度でも聞いたことがあるとは思えない。私は、彼らが互いに、何かが起きたことにすまないとさえ言うのをこれまでに聞

いたことを思い出せない。

　私の友人の一人が、彼のガールフレンドが2週間前に彼を訪問するバスに乗り損なったので、どれほど彼女につらくあたったかということについて話していた。彼は、「彼女に手紙を書くつもりだ。」と言った。私は、「よせ。その手紙は書くな。その手紙を書いてはだめだ。」と言った。しかしとにかく彼は結局その手紙を書いた。2日後彼は、「なんであんたは俺があの手紙を書くのをいやがったんだ。」と訊ねた。私は応えた。「誰だって間違いはするさ。彼女があんたに会いたかったのはわかるだろ。彼女はここまで来るバス代はもう払ったんだ。そのことで、その瞬間にその場で、彼女の意図は良かったということがあんたに伝わらなければいけなかった。あんたがやらなければいけなかったのは、彼女を慰めて、彼女に、こんなことであんたたちの関係は作られもしなければ、壊されもしないということを知らせることだったんだ。」

　男たちにとって妻に――あるいはかれらの彼女たち、あるいは彼らのことを気遣う誰に対しても――彼らが男だということを示す必要はない。私たちは刑務所内では、私たちの男らしさを表現することに余りにも駆り立てられている。あらゆることが、「俺は男だ、俺は男だ、俺は男だ。」になっている。私たちは、私たちの彼女たち及び私たちを愛している人たちについては、私たちがするあらゆることにおいて、私たちは必ずしもそのことを公言する必要はないということを忘れている。あなたの男らしさの公言は、あなたに思い遣りが欠けていると、度を超すことになる。この、あなたを愛し、あなたのことを気遣い、そして多分、あなたを傷つけるようなことはしないだろうという大切な人、というのは、あなたが常に対応している刑務所の要素ではない。こういう人たちは、あなたを駄目にしようとはしないし、あなたを不安定にしようとはしないし、あなたの誤りやすいことを示そうとはしない。それは私にとっては問題だった。――私の男らしさは攻撃を受けていると常に感じていた。そうすると思い遣りはなくなるものだ。

　私は、多くの時間をさいて私の成長と進歩を分析する。なぜそうするのかと言えば、私はここを出るときに、価値のある存在でいたい。私の人生が、私は刑務所にいました、ということを常に示すようであって欲しくない。

私としては、誰かと座って充分話をして、それから、「あー、ところで、私は刑務所から出てきたところなんですよ。」と言えるようになりたい。えっ、と驚かせたい。私は、刑務所の仲間内の言葉はいやだ。私は、私がここに来てから私が扱われてきたようには、人々を扱いたくない。

　ここでは、あなたは人間らしくしようにも、それさえできない。あなたは非常に厳しくその報いを受けるので、失敗は許されない。ここでの 26 年間で、私は、まさに人間的であったことへの報いを十分に受けた。あなたに心配事があると、あなたは守衛に、「さっさと俺から離れろ。」と言う。その後どうなるかといえばね、あなたは不品行な行ないにより、独房で 30 日間を過ごす、ということになる。暴力的であったり、不敬である必要さえない。それはただ平常心を失っただけのことなのだが、突如として、職員に対する非礼となる。しかし、イライラするのは人間的なことだ。

　あるとき私の弟が町なかで殺された。そしてそのときある守衛が、私と私の妻に、面会室で嫌がらせをするのが良かろうと考えた。そこで私は彼に強い言い方をした。その結果私は 30 日間の独房行き、90 日間の面会禁止となった。弁解の余地はなかったが、私は少し切迫していた。私は丁度、まだ幼い弟が殺されたという知らせを受けて、この役人に、私には彼が何を望んでいるのかわからない、と言った。独居房行き、30 日間。面会特典の喪失、90 日間。

1987 年に私は、親子視聴覚センター（Parent/Child Resource Center）の創設に対してフィラデルフィアの精神賞（Spirit of Philadelphia Award）を受賞した。私は刑務所から出て外界に戻り、農場で、乳製品の製造加工の事務職員として働く許可を得ていた。私たちは、ウオーク・ア・ソンの準備をしていた。雨か雪が降っている、そんな天気だった。私たちは椅子を並べる許可を求めた、そして天気が変わるのを願った。一人の上官代理は、「よろしい」と言った。もう一人の上官代理が、彼の発言を取り消した。そこで私はその理由を知りたかった。すると彼は、「私がそう言ったからだ。」と言った。「いいですか、よく聞いて、ねえ。あなたがそう言うからというだけで、それを正しいことにしないで下さい。」その発言のお陰で、私は独房 90 日間を食らった。なぜなら、彼が言うには、私の態度が彼の人格を脅かしたから。

そしてそれから1989年に、私は、この親子視聴覚センターで子供を虐待したとして告訴された。自己弁護の機会もまったくないまま、私はここ、ハンティントンにいる羽目になっている。

　そういうわけで、これらが、私が何度にもわたって、そこから本当に立ち直らなければならなかった事柄だ。しかしもう一度言わせてもらいたいが、私の自尊心と、私がどんな人間なのかがわかれば、これらの事をもってしても、私がどんなことが出来るかについて見劣りさせたり、私がどんなことが出来るかを示すことをやめさせたりすることはできない。私はここハンティントンで、私自身を根本的に仕切り直す機会が与えられている。ある程度までは、私は現行の刑事司法制度の中で私自身の向上を続けることができている。すべてが無駄になってしまったというわけではない。しかし、大変な7～8年だった。いつまでこれまでのように続けられるのかはまったく怪しくなってきた。

　私が私の刑務所での経験で唯一後悔しているのは、今では、ここにとても長い期間いて、これまでに学んだ多くのことを、より大きな社会の中で行動に移せていないということだ。

ジョン・フレデリック・ノール

ケヴィン・マインズ
KEVIN MINES

「あなたは暴動に巻き込まれているのか、あるいは負傷しているのか。次の日がどのようになるのかを知らずに目を覚ますことは怖い。でも本当に恐ろしいのは、あなたの家族を、あなたの愛する人たちを失うことだ。」

ハーヴェイ・テルフォード
HARVEY TELFORD

「音楽は、私にとってはストレスを和らげるものだった。音楽は、拘禁状態から苦い味を取り去った。音楽は私の救世主だ。」

ブルース・ベインブリッジ
BRUCE BAINBRIDGE

「私は以前考えたより、ずっと多くのことについて考える。私は物事に、より多くの側面を見る。一つの側面、私の側だけではない。私は、物事の別の側面をより信用するようになった。」

終身刑は、出口に灯りがないトンネルだ。まさに行き詰まりだ。あらゆるものを吸い込み続けている、果てしのないブラック・ホールだ。それが、この場所がしていることのすべてだ。——まさしくあなたを吸い込んで、ここにあなたを引き留めておく。

この場所に耐えられるのは希望があるからだ。希望は思うに、あなた自身から、あなたの周りの人たちから、あなたがここにいる間に作った友人たちから湧いてくる。あなたは希望なしでは存在できない。

Family Resource Center（面会室にある「家族視聴覚センター」）が、今現在、私の存在のすべての基礎だ。私はこれまで子供たちと付き合うことができ、自分自身、幸運だと考えている。私は私自身の息子を愛しているが、彼には会わない。だから、こういうことがあるのは幸運だと感じている。このお陰で私は希望が持てる。たくさんの明るい目をした子供たち。——彼らは私にエネルギーを与える。彼らの多くは親愛の情、愛に飢えている。そして彼らは実の親から愛情を受けていない。だから、私たちは最後には愛情を与える。そして、全然

嫌だと思わない！

　子供たちと一緒に活動することが、あなたを好転させるのに役立つ。というのは、子供たちはいつでも、あなたの指導と指示を求めてあなたに期待している。あなたがお手本だ。そして私は、私がここに来て以来、一回りして元の場所に戻ってきた。私はすっかり変わったのだ。私は、「あんたらに私を押さえつけておくことはできない。私はここに長居するつもりはない。」といったような態度で、ここに荒れ狂って入ってきた。今私はもっと考える。私は、どこに私は行こうとしているのかということをより意識している。私の自尊心はより高まり、私はじっくり考えるのが好きだ。

　私は私の監房が好きではない。私はそこで寝る。——ただそれだけ。他のときは、私は仕事に就いているか、どこかに行っている。描かれた窓はあるが暗い監房だ。そして、消灯だ。私は実際に常夜灯を使う。でも私は、そこでのたくさんの灯が好きではない。だって私はその場所が気に入らないのだから。そこは私を落ち込ませる。だから、そこは、単に、寝て、出掛けていく場所なのだ。

　多くのおかしなことがここの中では起きる。ここではいろんなものが交錯しているので、笑わされる。看守たち自身が、鍵を手に触れながらボーっとしてうろつき回る。それから彼らが鍵を落とす。一瞬にしてパニックになる。というのも、彼らは、もし鍵を紛失したら、それで一巻のお終い、と言われているのだから。だから、あなたが鍵が落ちるのを耳にしたら否や、あなたはこいつが大わらわになっているのを見る。こいつは、あなたが鍵をつかみ取るのではないかと思っている。あなたがそれを見たら、あなたは兎に角、突然笑い出したりはしない。あなたは、含み笑いを浮かべて、落ち着き払って、歩き過ぎる。

　あるとき、私たちのうちの 4 人が丁度面会用の中庭に出て、Family Resource Center のためのシャボン玉作りをやっていた。私が液の調合を余りにも重くしたので、シャボン玉が重かった。破裂しそうにない。シャボン玉は面会中庭を出て中央の庭まで飛んでいった。ただ浮かんだ状態で。「あれはどこから来たんだ。」人々は、庭を通り抜けて行ったこの信じられないシャボン玉について暫く話した。私たちはみんな大笑いした。

ブルース・ベインブリッジ

ユージン・マクガイア
EUGENE MCGUIRE

「私の人生で達成したことで際立っているのは、自分の中に、善悪の判断を下せる能力があるということを実感できたことだと思う。私は、私の人生を生きるうえで、他に誰も必要としない。私がする選択について、他の誰をも責める必要はない。以前はこんなことは一度も考えなかったのではないかと思う。」

私は認識が甘かった。そもそも法廷に立つのが初めてだった。そもそも本当に窮地に立ったのが初めてのことだった。私が終身刑を宣告されたとき、それが私の全生涯だという実感がなかった。——たとえ「寿命をまっとうするまでの終身刑を言い渡す」と言われるのを聞いていてもだ。私の心の中の何かが、「ほんのしばらくの期間だけだ。」と言った。しかし、何年もたって、そして他の終身刑囚と話してみて、それが何なのかがよーくわかった。残りの人生の間、死ぬまでずっと、ということだ。ここを出る唯一の方法は、刑務所の人間があなたを運び出すときだ。今でもとても遠い先のことのようで、本当のことには思えない。

　悪い夢、悪夢のようだ。誰かを殺してしまい、終身刑を受ける。——そしてそのことから戻ることはできない。人間に関する限りでは、希望はない。しかし、私の主との関係は、私に希望を与える。今から６年半程前に私は、主を私の救世主として受け容れ、私のしたことを懺悔した。本当の変化が私の人生に起こった。大きな重荷が私の背から取り去られた。大きな罪の重荷が消えた。そして、それが私の希望だ。ここの中には他のクリスチャンの信者仲間や、私が知っているのと同じことを知っている人たちや、私たちのよりももっと偉大な誰かを信奉する人たちもいる。それは共通の絆であり、仲間であり、家族である。私たちはお互いを頼りにすることができる。

ユージン・マクガイア

ドナルド・モンゴメリー
DONALD MONTGOMERY

私はジェームス・ディーンの風貌から囚人の風貌になってしまった！
私が19歳だったとき、何が起きているのかよくわからなかった。私には、私が第一級殺人罪の有罪宣告を受けるだろうということの意味がわからなかった。逮捕された相棒は、犯行そのものを認めた。だから、わたしの場合は、その当時で10～20年の禁固だった第二級殺人になるだろうと推測していた。しかし、私が判決を下されるやり方からして、とにかく私は恐らく他の容疑でさらにここにいるだろう。私には5つの容疑がかけられた。今の時点で、私は34年間拘禁されている。

私が、私の家族なんかのような、信頼できる仲間と一緒のときには、私は素晴らしかった。私はよかった。彼らは皆私を大切にしてくれた。しかし私が他の奴らとつるんでいると、私は彼らのように振る舞い始めた。——彼らのように無鉄砲に。家にいるときは私は控えめだった。しかし、私がどんな環境にいるのかにも因る。もし私が良い環境に押し込められたら、そのとき私は良い。悪い環境に押し込まれれば、悪い。でも、ねえ、それはそのときのことだ。誰もが私は追随者だと言った。今から振り返ってみれば、私は確かに影響されやすかった。

　多分私は、自分が小柄だったので、ただ、認知、受け容れられることを求めていた。私はまったくのチビだった。だから、私はいつも、私より大きくて、自転車のサドルの上に立ったまま山を走り降りるような無茶なことをやる奴らといつもつるんでいた。自転車にブレーキはない。危険極まりないことだ。多分、尊敬を求めていたのだ。

　私は自尊心が何であるかわからなかった。私はただ、他の人と同じようにやっていた。私が今ここにいるのさえ不思議だ。子供のとき、私がやったような下らないことで死ななくてラッキーだ！

　今、私は、人を気遣う人間、役に立つ人間だ。何の問題もなし。私は1972年以来、不祥事を起こしていない。それは逃亡罪だった。私は刑務所では仲間や職員の間で結構一目置かれていると思う。なぜなら、私は問題を起こさないから。私は、問題を収めようとする。私は、仲間のグループ、即ち終身刑囚のグループだが、これを教育しようとする。

　人々に話しかけること、連中をまっとうにしようとすること、兎に角、本当に深刻な問題、争いを防止しようとすることに関する限り、私はね、刑務所内の一種の、取り扱い件数を持っている。その意味では、私はレフリー型の人間だね。もし誰かが私のところに来たら、私は彼らを追い返したりはしない。もし彼らが私を必要とするなら、私は彼らのためにそこにいる。

　例の1972年の逃亡罪は私が起こした最後の面倒ごとだ。それは段階を踏んで起きたことだ。まー、私ドナルド・モンゴメリーが最悪のケースだと思って

た。私にはいくらかでも出所するという見込みはほとんどない。だから本当にそれほど気にすることはないのだろう。

　終身刑にもなっていないのだが、私よりひどい状態の人たちがいることがわかった。50〜100年、あるいはそれ以上の刑期を勤めてる人たちがここにはいた。そして私は、知事は明らかに全員を殺したがっている、哀れな死刑囚を見る。

　私を変えたのは、もし仮にも私がここを出たいと思うなら、あるいは、もし私が人々に私にいくらかでも敬意を払って欲しいと思うなら、私は厄介な受刑者にはなれないと、私が自覚したからだと思う。私は自分の行いを改めなければならなかった。──そして私はそうした。しかしそれさえも段階を踏んでいった。私が厄介者でないときでさえ、それは段階を踏んでのことだった。私が最終的に、他の人たちは私よりもっとひどい状態にいるということがわかるまで、私は何年にもわたって恨みがましかった。

　私は減刑を求めた。──今度が19回目の申請だ。19回目！──そして私は10回知事のところまで推薦された。私は知事の机の上に10回あげられた。10回が10回、ノー・コメントで却下された。当局によれば、私は、1980年から減刑の準備ができていたということだった。

　私を衝き動かし続けているものは、いつか、何歳のときでも構わないが、私はここを出て行くんだという認識だ。私はここを出て行くことに期待を寄せている。そして私は、このことがかなり早く、私の家族の多くが死ぬ前に、実現されることを願っている。

　あなたはこの写真を見ることができる。しかし、こいつが立派にやっているのか、あるいはそうでないのかはわからない。彼はプログラムを続けていくのか。彼は信頼に足るのか。わかるでしょ、この写真は本当にあなたには何も示していない。写真はあなたに何も示しはしないのだ！

ドナルド・モンゴメリー

トリーナ・ガーネット
TRINA GARNETT

「(終身刑は) 出られないウサギが、隅っこに追いつめられているようなもの。ウサギは出ようとし続けるが、結局はただそこで死ぬだけ。」

「私は、動物のように、やりたい放題にやっていた。私は、誰も私のことをわかってないように思えたので、荒れていた。私には自分のことを説明できなかった。それで、人を殺すという大変な行為が激しい嵐のように行われてしまった。それから私は、独りになることで、私自身との触れ合いを始めた。そうすることで私は幸せになった。だから、私はただ一人でいるだけ。」

レナード・ウオマック
LEONARD WOMACK

「最悪のところは、ここの中で死ぬことを考えることだ。誰もあなたのことを知らなかったようだと感じることだ。誰も私が誰だか知らなかった。」

クレイグ・デイツマン
CRAIG DATESMAN

「家族や子供たちは別にして、私が、なくて本当に寂しく思うのは、セックスではなく、愛する能力、人生を誰か他の人と共有する能力だ。それはあなたに生きる理由を与える。ここでは、それを、手紙や電話を掛けることで代替させている。」

ベティ・ヘロン
BETTY HERON

「私は私の家族が結婚するのをビデオで見た。それはつらかった。最後に来た招待状には、私の名前さえなかった。息子に訳を聞いたら、彼の返事は、『僕が母さんを必要としたとき、母さんはいなかったから。』だった。反論のしようがなかった。でもこたえる。」

「私は私の神と私自身には赦されていると思う。でも問題なのは、被害者の家族と私の家族の赦しだ。私には彼らに会う機会が奪われている。正義とは、当然の報いと寛容の混合物だ。自由や一定の権利などが奪われることも必要だが、回復されることも必要だ。」

私の一番年上の孫娘、幼いミーガン、文字通り大切な子供が、「マーマ、こんな大きなおうちを持ってるのね。泊まってってもいい？」と言う。彼女には言ってる意味がわかっていない。彼女が3〜4歳のときはこれで大丈夫だが、彼女が6〜7歳になったら、私は何と答えようか。私は娘に、「とてもじゃないけど、私はあの子に嘘はつきたくない。」と言った。私はむしろ本当のことを言いたい。

　私には素晴らしい家族がある。私の孫たち――その成長を私は写真でしか見られない。そして私はその写真の中には入っていない。――そこが、私の心を最も動かすところ。

　しかし私のことになれば、私はこれまでは終身刑を勤めていたものだが、今は人生を送っている。私には、私が自分で作り出した環境をいかさなければいけないことはわかっている。しかし、その役割を果たしてきた鉄と石の塀を超えて私が行くべきときが来た。今、社会に戻ることや、「私は、ここから出る者2パーセントか何かのうちの一人だ。」と言うことを考えるべきときが来た。私はその数字の中に入りたい。そしてそのことに向かって、私が活動している。減刑を求める行為はほとんど効果はないが、それでも尚、希望を持っている。私に希望がある限り、私は前進し続けるつもりだ。しかし、もしここから出ることについて話すならば、ここでの自分自身の環境に変化を起こさなければならない。

　私がここに来たとき、私に何か悪いことがあるとは考えずに、悪いのは、他の人たちだと考えていた。今日私は、今の私は過去の私よりはるかに良い人間だということがわかる。今私は、何故あれが起きたのかの言い訳ではなく、何故それが起きたのかを理解する。そうすることで、私は、責めることなく、あるいは、誰か他の人をスケープゴートとして使うこともなく、私自身を受け容れることができる。

　私は、私の共依存の行為によって、また、私が誰か他の人を必要とすることによって、そして、私の、見捨てられることへの恐怖によって、私が何を赦してきたかがわかる。今日私は癒された人間だ。私は、より人の気持ちがわかり、思いやりがある。しかし、誰かに私を再び利用させるほどではない。私は協力的な人間だが、私なりの分を超えて与えることには限界がある。以前は、私に

は私なりの分(ぶん)があるということを知らなかった。

　私は精神分析医が訊ねた最初の質問を覚えている。彼は、「ベティはどうですか？」と聞き、私は、「ベティって誰？」と答えた。私は常に、ヘロン夫人であり、誰かの姉妹であり、誰かの母であった。ベティは存在しなかった。私にはアイデンティティ（自分自身）がなかった。彼が後になって私が言ったことを思い出させてくれたとき、私はドキッとした。今私のいるところを見ると希望がわいてくる。この女にはどこか救い甲斐があるということを誰か他の人に納得させることができることだけを、私は願っている。

　終身刑はガラスの壌だ。あなたはこの異質の土壌、この文化的深淵に植えつけられている。あなたは成長することを求められている。しかし成長の過程で、もしあなたが注意をしていないと、あなたは与えられた環境の姿と形を取り始める。私がもっとも誇りにしているやり遂げたことの一つは、私が、私の環境に影響されずに、何とか成長できたということだ。

ベティ・ヘロン

レイモンド・クローフォード
RAYMOND CRAWFORD

「あなたはあなたの家族が成長するのを見守る。私の息子は私がここに来たときは5歳だった。今彼は28歳。彼には家族がある。シンドイことだ。」

私は、アメリカの刑務所で、他の社会にいたら人が一生の内には決して成し遂げられないだろうことをやり遂げることができた。軍隊にいて、海外を旅してみて、私はそのことが本当によくわかる。しかし人間の魂は罪から救うことができるということを知れば、終身刑は残酷だ。ほとんどの終身刑囚はそのことを証明しながら毎日生き続ける。

永久に罰せられるということは、あなたの中に染み込んだ価値観とはあまりしっくりこない。アメリカではあらゆることが可能だ。あなたが仮釈放の可能性なしで終身刑を人に与えるとき、それは、ここアメリカ社会の中では適合しない。他の 47 州は、人は他の機会を当然受けることができるし、受けるものと認識している。

　サダム・フセインの一味の一員で、あなたと戦争していたかもしれないある男がいたとする。今その彼がこの国に来たくなったら、そうできる。彼は市民権の手続きを済ませるだろう。そうすれば、当局は彼のことを、彼らが私を扱うようには扱わないだろう。

　私には起きてしまったことは変えられない。私にできることは、私に関しては同じことは再び起きないということをあなたに保証することだ。そして私にできることは、他の人たちを相手にして、私が陥った同じ落とし穴に彼らが陥るのを防ぐことに努めることだ。私は、私が呼吸する一日一日に、一分、一分に責任を感じている。私には目的がある。私は実際、意識的な生き方をする。

　何にもまして私を悩ませることの一つは、殺人者であるというレッテルだ。私は本当にどうしてもそれはいやだ。私は今は殺人はやっていない。私には定期的にやっている他のことがある。私をそれで呼んで下さい。私は毎日人々を愛する。だから私を愛と呼んで下さい。私を殺人者と呼ばないで。次に述べるのは、かつて起きたエピソードだ。

　私は 1987 年に付き添いつきの休暇に出掛けた。副管理官と私は赤信号で人込みの中で立っていた。私は、アタッシュケースを手に、ブルックス・ブラザース風の、グレーのスリーピーススーツを着ていた。「彼らにわかるかな？」と私は思っている。通りの反対側に人がいた。私は彼らに話かけ始めた。彼らは私の言うことを信じようとしなかった。私は彼らを、私が講演をすることになっている College of Physicians（医大）に来るように誘った。私は、「言っておきますが、私は受刑者で、こちらは私に付き添っています。」と言った。彼らはそれを信じようとはしなかった。犯罪者がいったいどのように見えようとも、犯罪者と共通する点が私にはないということで、私は何となく良い気分になった。

レイモンド・クローフォード

マリー・スコット
MARIE SCOTT

「私は、私がしでかしたあることのために罰を受けているところだ。しかし、私にはそれについて何かをしようとすること──私の被害者の家族の手助けをすること──は許されていない。それが、終身刑に関して最ももどかしいところだ。何故なら、私には本当に良心があるのだから。」

「子供のとき悪夢に襲われた。何故なら、私は、性的、肉体的に虐待を受けたから。時々、目が覚めるのだけれど、悪夢と現実の区別がつけられなかった。終身刑はそんな感じ。それが現実でなければいいと願って眠りに就くが、目が覚めると、それはただの悪夢ではない。現実なのだ。」

私自身は出られそうもないので、多分、娘を来させないようにすることはできる。私の息子に関しては、そうする機会はなかった。私がここに来たとき、彼は4歳だった。だから彼は今刑務所内にいる。そしてそのことは本当に私を苦しめる。私は、ここマンシーで娘と座っていることなんて想像できない！ そんなことはいやだ。だから私は、子供たちをここに来させないようにするために、子供たちが必要とする援助を手に入れやすくするために私にできるあらゆることをしている。

目下のところ、私を衝き動かし続けている中心的なことは、私が立ち上げようとしている、Children of Incarcerated Women（女性収監者の子供たち）という名の作業部会だ。いつか私は、両親が収監されているこれらの子供たちのための学校内の支援グループを見てみたい。それは、もし私たちがこれらの子供たちについて何かをしないと、明日の刑務所を一杯にしてしまうものだ。

この子たちは両親との別離のために、心理的にメチャメチャになっているが、誰もそのことに気を留めていない。私たちは、私たちが直接損害を与えた被害者のための権利擁護団体を持ってはいるが、これらの団体は、忘れられている被害者——私たちの子供たち——を守らない。

マリー・スコット

＊マリー・スコットが起案に一役買った、両親が収監されている子供たちのニーズを調査するための決議案が、5人のペンシルベニア州上院議員によって、ペンシルベニア州上院に1993年10月、上程された。

フランシス・ボイド
FRANCES BOYD

「もしあなたが、L-I-F-E という文字について考え過ぎると、あなたの頭はおかしくなってしまうかもしれない。そこで私は、自分で自分を忙しくさせている。あなたは一日一日を価値ある日にしなければならない。」

「私の最初の5年間は、そのようにしようとする時間の中で、進むのが最も遅い期間だった。その後私は、プログラムに参加し始め、目が覚めた。」

「私は、クリスマス休暇の頃や、面会の後で落ち込んでしまう。私は家族のことを想う。そして夜、私の独房で泣く。発散してしまう。そしたら私は大丈夫だ。」

「私は、ユーモラスな奴で、悪ふざけをする人間だ。そしてここの中では、多くのおかしなことが起きている。ユーモアは私の多くのストレスを取り除いてくれる。」

フランキー・リー
FRANKIE LEE

「もしあなたが、人間が変われるということを信じなければ、あなたは人間性に見切りをつけることになる。」

ダイアン・ウイーヴァー
DIANE WEAVER

「私は、私自身の家の中の監獄で、虐待する夫と生活していた。私が最初に刑務所に来たとき、刑務所が避難所だった。彼が私を殺しに来るかどうかを心配しなくてもよかった。しかし、現実が始まるまでに、それほど長い時間を要しなかった。」

あなたがここに長くいればいるほど、あなたの外界とのつながりは少なくなっていく。あなたの家族は次々に死別し始める。そしてあなたの友達——人は本当にいつまであなたを支援できるだろうか。彼らは最終的にはただ

彼ら自身の生活に戻って行くだけだ。それは悲しい。実につらい。

　しかし面会を減らしたのは私の選択でもある。面会は私にはつらい。父が面会に来るとき、父にとっては私がここの中にいるのを見るのはつらいし、私にとっては、父が去るのを見るのはつらい。父が一人で外にいるという事実は私を一層つらい思いにさせる。何故なら、私は、自分の居場所は父と一緒の外だと感じているから。あなたの友達がここの中にいるあなたを、道徳的にだけではなく金銭的にも支援しているので、あなたは自分をとても無力に感じる。また子供になったようだ。

　私はこれまでいろいろな段階を経験してきた。つらくない時期があった。何故なら、ここに来る以前の私の人生は苦しかったから。私が刑務所に来たとき、私は初めて安全だった。私は、今日は彼が私を殺しに来る日かどうかを心配しなくてよかった。今では、本当に難しくなっている。私は、私がここでできることは何でもやってしまった。私は、刑務所が提供するあらゆる機会を利用した。

　私は人の心に触れる人間だ。もし誰かが傷ついて、気分が優れないとき、私は手を差し伸べてその手を握るか、抱きしめるかしたい。ここではそういうことは性的なことと見なされるので、それはできない。あなたは大変な被害妄想になる。あなたがするあらゆる小さなことの度に、あなたは一旦立ち止まって、二重に推量しなければならない。その上、規則が非常によく変わる。今日はふさわしくなかったかもしれないことが、明日は大丈夫になるかもしれない。

　自由な世間でもこんなふうだと言う人もいる。しかし、それでも選択の機会はある。もしあなたがあなたの仕事が気に入らなければ、辞めることができる。あなたは選ぶことができる。ここにはそれがない。

　私は、厳格なカトリックの環境で育った。カトリック教徒は離婚しない。カトリック教徒は神を恐れて生き、罪の意識があなたの平穏を掻き乱す。彼らはあなたに慈悲深い神については教えない。報復的な神だ。今は、私はクエーカー教徒になったので、私は変わった。

　私にはどんな大きな夢もない。ただここから出たい。そして、父さんは年を取っているし、いつまで生きているかもわからないので、父さんのそばにいたい。それと、修復しなければいけない、元通りにしなければいけない、息子との関係がある。息子とは、彼が6歳のときから会っていない。もし私がここを

出られたら、息子のところが最初に連絡を取る先の一つだろう。

　ここの中には私のことを尊敬してくれる多くの受刑者がいる。私は一種の模範囚で、そのことがあって、私は前向きに生き続けることができる。それと私の監督官は私のことをとても信用してくれている。私には、入所してくる若い娘たちのことを母親のように世話をやく傾向がある。多分それは、実のところ私が母親としての本能を息子に向ける経験を決して終えていないからだろう。若い娘たちの世話をやくのは私にとって大切なことで、それは大いにやる。

　それにしても、刑務所の人たちがこの娘たちをどこで捕まえているのかわからない。私が最初にここに来たとき、誰もが死を怖がっていた。今この娘たちは、リゾート地にでも来るように路上を歩く。彼女たちは、無軌道で、騒々しくて、傲慢だ。私が長い間拘禁されていることは承知している。しかし、これが、外の世界で何が起きているかをいくらかでも示唆しているならば、恐ろしいことだ。

　刑務所の農場で作業している女性のほとんどは、それぞれ一頭の牛を飼っている。ペットとして扱い、名前をつけて甘やかし、りんごを取ってきてあげている。私はいつも一頭飼っていて、私の牛が丁度出産した。私はお婆ちゃん！

　私はまさにご満悦。ここの中で私は皆に、私は元気のいい子牛が手に入ったばかりだと言っているところだ。

　外に出て、牛を抱きしめ、牛たちに言いたいことは何でも言えるのだから、私は農場が好きだ。それにお返しに愛情を受ける。私は多くの時間を牛たちと過ごす。

ダイアン・ウイーヴァー

＊このインタビュー以降、刑務所の農場は閉鎖されている。

チャールズ・ディッグス
CHARLES DIGGS

「16年間について考える——どうやって毎日を過ごしたんだろう。わからない。でも、毎日を良い日にしなきゃいけないってことはわかるさ。たとえ毎日泣くとしてもさ。」

終身刑は毎日、無から有を作り出そうとする継続的な闘いだ。あなたのことを少しずつ啄ばむ。多くの悲しみを伴い、精神的な重圧を感じる状況だ。家族に大きな犠牲を強いる。あなたは事態がゆっくりとではあるが確実に、徐々に崩れて行くのを見る。そしてそのことがあなたをズタズタに引き裂く。あなたを啄ばんでバラバラにしてしまう。

あなたには何らかのコミュニティーや家族があるかもしれないが、あなたを本当にトータルにまとめておくためにはそれ以上のものが必要だ。あなたは、あなた自身より偉大な何かを持たなければならない。それがあなたに、毎日起きて、健全な人間のように振る舞い、そして、これまでそういうものだとしてレッテルを張られてきた存在——何か凶暴な殺人者——にはならない希望を与える。

何のために奴は刑務所にいるのか、ということについては、多分2〜3秒しかかからなかった。それは全人格ではない。その人間の人生のうちのほんの2分に過ぎない。その人にはもっと人格的側面がある。私たちは、無数の人々を、

もはや役には立たないとして、ただ見限ることで、その人たちを無駄にしていると思う。

時にはここの中で、良いニュースがある。あらたな裁判がある人もいる。あるいは、ある人は、彼の娘が結婚したことを、あるいは、彼には孫息子か孫娘がいることを共通の話題にするかもしれない。あるいは、学校を卒業した者もいれば、一般教育終了検定（General Educational Development〔GED〕）を取得した者もいる。そういうことが私の一日をより明るいものにする。あるいはわたしが、グリーティング・カードをもらう。それで私たちは良い食事にありつけるかもしれない。私たちはそれについて語り、笑う。

あなたは驚くだろう。ここはまさに一つのコミュニティだ。そして、一日を取り仕切る成熟した人間が充分にいる。彼らは、一日を建設的な日にする。彼らは互いに、語り、噂話をし、不満を言い合う。そうやって私たちは、ここにコミュニティを持つ。

でも9時には独居房に戻る。最悪だ。そのとき、私が自分の独房に入る9時には、私は多分もっとも哀れな人間だ。私は刑務所にいるということをいやでも思い出す。

あなたは人間に多くの仮面を見る。管理官、看守、それにあなた自身の家族にも。私はいろいろと違う仮面を研究した。だから、こういう人たちをどう扱えばいいのかがわかる。そして私も小さな仮面をしてみた。しかし私はそれを隠さない。私はそれについて話し、この人たちに話させるようにする。私は嫌な気分を心の中に押し込めている人たちを見つけた。私には彼らが、私が悩んでいるのと同じことを悩んでいるのがわかる。私が心を開いてやらねばならない人たちがたくさんいる。

ここではおかしなこがたくさん起きる。ある奴が女性の看守のお尻を軽くたたいた。すると彼女は彼にパシッと平手打ちを食らわせると、彼を打ち倒した。私はそれを決して忘れないだろう。彼女は実に完璧に事態を処理した。あるいは、ある奴が彼の独房で噛み付くように怒鳴り、何もかも焼き尽くして、何にも身に着けないで独房の列のところを走る。それが刑務所の話題ということだろう。

チャールズ・ディッグス

ジョン・ヤント
JON YOUNT

　私がここに来たとき、私は、かなり融通の利かない、保守的な、田舎の教師だった。恐らく私の身の破滅の原因の一つが、私がいささか短気だったということだが、その当時、私のことを本当に衝動的で常軌を逸しているとみなしたであろう人はいなかったと思う。振り返ってみても、私が、私と同じ年の他の若者よりもずっと短気だったのかどうかは、余りよくはわからない。この間私は、ずっと短気だったわけで

はない、と言うよりは、少なくとも私はそれを寄せつけないようにしてきた。だからよくわからない。

　私はこれまでに、入所してくるすべての若い連中を見てきたが、彼らは、瞬間的に激怒することが出来るようだ。自分自身も同じように見える。それは、通常は、ドアをバタンと閉めるとかいったように、無生物に向けられる類のものだった。私には、ほとんどの人が、自分の内部に、条件さえ整えば発露する、暴力への潜在能力を持っていると自覚しているとは思えない。

　私は高校で、数学、化学及びそういった理系の科目を教えていた。自分ではかなり良い仕事をしたと思っていた。入所してからこれまでの間に、私の教え子たちから多くのコメントをもらっているが、彼らは押しなべて私のことを教師として良い仕事をしたと理解しているようだ。彼らのうちで誰一人として、私がしたことに関する限り、私のしたことが私らしい行為で、その結果私が刑務所に入ることになってしまったのだ、と見た人はいなかった。

　私の20〜30年前のその写真を見ると、ほとんど今の私の息子のような人物に見える。私には32歳になる息子がいる。私が入所したとき、彼は3歳だった。今30歳の娘は、まだ歩くことさえできなかった。だから、ここにあるこれらの写真にとどまらず、もし私が本当に時間の経過がどんなものかを見たいならば、私は、私が入所したときの私の子供たちの写真を見、今、彼らがどのように見えるかを見る。それはまさしく、30年という年月がどのようなものであるかを明示している。

　今日の私の写真の中に、私は、30年前の写真よりも、はるかにずっと斜に構えた、はるかにずっと人を信じない人物が見える。私は、よくドアには鍵をかけないままにしておいたり、誰でも人を信用するような地域で育った。今の私は、すきあらば付け込もうとする傾向のある他の受刑者と一緒の環境の中にいる。勿論全員がそうではないが、もしあなたがどこか他のコミュニティにいたとしたら、そこで見かけるであろうよりは多くのそういう人たちがここにはいる。

しかし、終身刑もまた司法制度だ。私は司法制度が非常に政治的だとわかったので、私はとてもではないが、それをあまり信用しない。司法制度とは、あなたが何を成し遂げたのか、とか、あなたがどんな人であるのかといったこととは、ほとんど関係がない。司法制度は、一般大衆と政治家の態度の波の上に乗っている。そして私たちは今まさに、その本当の谷のところにいる。それでわたしを非常に斜に構え、概ね、人をあまり信じないようにしているのだ。私は疑い深くなった。それはあるべき最善の策ではない。しかし、私には、これをどのようにして克服すれば良いのかわからない。

　今では高齢になった私の母が、定期的に私の面会に来る。母に会う度に、私は、罪を犯した多くの人たちよりも恐らくより多くの時を刑務所で——面会室で——過ごしたある人物を見る。私は彼女を見ると、彼女がどんな種類の苦痛を経験して来たのかが見える。そうすると、被害者の、この具体的な事例においては、私の母の苦痛と、この女性が経験したことを同一視するのが、よりしやすくなる。

　私は、今の私がそうであるほどまでではなかったが、私が常に共感できる人間だったと考えている。若い男にとっては、自分が世界の中心だ。人は年を重ねるにつれて、それは本当ではないとわかる。

　悔恨は、犯罪学者、矯正関係者にとって、大きな意味を持つ言葉だ。The Parole Board（仮釈放委員会）、the Board of Pardons（恩赦委員会）は常に、あなたは悔恨を明示しなければならない、と強調する。30年経って、それをどのようにするのか、私にはわからない。悔恨が極大化するときがある。しかし、それは30年経ってからではないと思う。けれども、もしあなたが上手に、またその上、多分、非常に誠実に悔恨を明示しなければ、そのときあなたは、あなたの仮出所申請に成功しないだろう。

　しかしもしあなたが、あなたがこの世界にもたらす積極的なことがらのいくつかを探す代わりに、ただ一日中これといって何もせずに、あなたの何が間違っていたのかを解明しようとするなら、あなたは結局は、あなたの能力よりはるかに劣る、そして、社会があなたになって欲しいと思うよりはるかに劣った人間で終わってしまう。往々にして司法制度はその点で逆効果である。これま

で悔恨は私にとって常に扱い難い言葉であった。

　刑務所での最初の4〜5年間は、私自身とともに生きることに大変な思いをした。役立ったのは精神科医と関わったことだ。私たちは友人のようなものになった。そして彼は本気で私が私の人生において積極的なことを求め始めて、先へ進むことを勧めた。私はそうしようと努めた。私たちはいくつかの組織を立ち上げ、私がそれぞれの役員になった。私たちはキャンプ・ヒルにある機関に行って、データ処理プログラムに参加した。私たちは塀の外で仕事をし、年中ハリスバーグまで出掛けた。今とは違う時と場所だが、それが当時のやり方だった。だから、外に出て、コミュニティの人々と関わることは、本当に変化ももたらした。

　それでも、そもそもあなたが自分自身のことを気の毒に思うことを終わりにしているとは思わないけれども。あなたは、もっと苦しんでいる犠牲者がいるという事実を忘れない。あなたが殺人に一役買っているとき、直接の被害者はあなたよりはるかにもっと苦しんでいた。しかしあなたは、きっとあなた自身を本当に気の毒だと感じ、何故ある種の決定を、それらの決定が無意識であったかもしれないように無意識のうちに下したのかについて、後知恵で説明しようとする。どうして私はたまたまある特定の場所にいたのか。どうして私はあのように対応したのか。陪審員団に、これは州検察官が描写した犯罪とは同じ犯罪ではないということを説得するために、私に何ができたであろうか。

　あー、あなたは苦境に陥らないとも限らない。そして多くの人たちがそうなる。それは、目下のところ、私たちの社会では、人生一般に対するとてもよくある扱い方だ。人々は彼らがするほとんどのことに対して、まったく全面的な責任を取らない。被害者になることはよくあることだ。

　塀の外の人々は時々、人生と折り合いがつけられないからといって、ビルから飛び降りる。ここの中では、自殺の一つの方法は、ただ活動を停止し、テレビをつけ、そこに横になり、そして、死ぬのを待つ。よく人々は、仮出所監察委員会での失敗、家族との失敗が理由で、その手段に訴える。彼らは面会を受けない。——管理官が私たちの終身刑囚委員会に、ここの受刑者で、年に1〜2度以上の面会を受けるのは、そのほんの一割に過ぎない、というのを聞いて驚いた。

それと、何としてもまったく諦めない人たちもいる。彼らは、総じて受刑者に対しては積極的な何かを成し遂げた人たちだ。私たちの、矯正についての近代哲学ということになっているが、それにおいては、受刑者にできることが認識されていないということは驚きだ。

　私は管理官に向かって、矯正制度とは、失敗することで充分に報われる、数少ない事業の一つだと冗談を言う。私は、入所以来教育プログラムに参加しているある若者とちょっと庭を歩いていた。不品行か何かの理由で彼は、彼が一定の品行水準にもどるまで、教育プログラムにはもう参加できないと言われた。さて、それが司法制度が失敗する理由だ。当局は、彼の教育を取り上げることで、その人を処罰する。しかし教育は、彼が社会で生き延びるために必要なものだ。そのような種類の下らないことが非常に逆効果になる。

　これが米国でもっとも急成長している産業であり、しかもそれが、失敗に基づいているということを考えるとき、恐ろしい。一体何故、仮釈放委員会は、刑務所から出ていく人が、これまで最長期刑を勤めさせられてきたという、雰囲気を持って社会に出ていくことを欲しているのか。それは社会が欲していることではない――監視なしで、終身刑囚の雰囲気を漂よわせている人間が社会に出てくるということ。普通は、最長の刑期を前にして釈放される彼らが若干の監視の下で丸くなるための時間を確実に持てるようにするために、彼らは並々ならぬ努力をすると考えるだろう。

　それだから私は司法制度に対して冷笑的になるのだ。独房に埋没し、世間に関わりを持たない人物、そういった諸々のことを考えない人物――多分、そういう人物の方が恵まれている。多分、刑務所の制度にもっとも苦しんでいる人間が、起こっていることに関わり続け、それを分析しようとするが、それについて何をするにしても自分ではどうすることもできない人だろう。

　私は、怒りは誰の人生にとっても重要で貴重だと思う。人は折に触れて、どんな感情でも本当に表に出すことができるということを明示するために、怒る必要がある。もし、あなたを怒らせることがなければ、それならば、あなたは余りにものんびりとしているために、恐らく人生において、余り多くを達成していないだろう。だから私は、あなたは怒りを経験しなければならないと考え

る。鍵はそれの制御の仕方だ。

　怒りをうまく処理するには多くのやり方があるが、刑務所内のほとんどの人間はそれがとても上手くなると思う。一つには、それは生き残るための課題だ。しかしそれ以上に、あなたには、あなたの怒りの制御に取り組む時間がある。私は、確実に、年を取るにつれて、はるかに多く怒りを制御できる。私はそれは加齢と環境のお陰だと考える。60歳に手の届くような人間は、怒ってここらあたりを歩いていられないし、生き残れない。

　私に関して、私には変えられそうもないことがある。何かが起きると、なかにはそうする人がいるが、私には、家に入ってしまい、ドアを閉めて、テレビをつけて、起きたことを無視する、ということが出来ない。私の場合、私は立ち向かわないわけにはいかない。何か気に入らないことがあれば、私はそれに取り組まないわけにはいかない。もしそれが提訴することなら、もしそれが法廷で申立書を提出することなら、もしそれが司法制度内で何かを変えようとするなら――私が困ったと感じることが何かあるときには、それが私がことに臨むやり方だ。それが、私の判決の中で私には不公正に見えることを私が交渉しようとするやり方だ。それが私を衝き動かすものだ。

　私はまた、見学するよりむしろ参加することが好きだ。私の歳になってさえ、私はバスケットボールをしに出て行かないと気がすまない。私は臀部の移植をしたが、それでも依然として私はソフトボールをしに、またアンパイアーをしに出掛けて行く。とにかく私はじっと座って眺めているのが大の苦手だ。私はその一部でありたい。それは私が変えないといけないことだ。実行するのはとても難しい。

　私をてこずらせるのは、放埓な生活の夢に縋り付いている刑務所内の人間だ。もしあなたがここを出たら、あなたはそういうことをするための金は持てないだろう。そこであなたは、麻薬を売るか、そのようなことをしなければいけなくなるだろう。私がそんなような下らないことを耳にすると、そいつは現実離れしていると思う。

ジョン・ヤント

マイケル・トゥイッグス
MICHAEL TWIGGS

「終身刑は、登り続けることは出来るのだが、決して頂上には辿り着けない、非常に高い壁だ。」

ベンジャミン・ヴェラスケス
BENJAMIN VELASQUEZ

「私が過ちを犯したことは自覚している。そして何回も懺悔した。私は神に私を赦してくれるよう頼んだ。私はマイナスの影響を与えた。今、私は、私が世間でプラスの影響を与える機会に恵まれることを願っている。」

終身刑は、緩慢な、ひどく苦しい死だ。多分、獄中で私を朽ち果てさせる終身刑の代わりに、彼らがただ私に電気椅子を与え、私の命を絶ったなら、その方が良かっただろう。終身刑は何の目的にも適わない。誰にとっても重荷になっている。

　私を衝き動かし続けているものは、私が神、創造主への強い信仰を持っていることだ。それが実際私を精神的に安定させている。私は、現世でなくとも多分来世で、私自身を解放するために懸命に努力し続けている。私はより良き人間になろうと、また、プラスの影響を与えようと努力している。

　私が刑務所に来たとき、私は頭が混乱した人間だった。私の人生の認識は非常に狭く、幼稚なものだった。私は読み書きが出来なかった。今私は一般教育修了検定（GED = General Educational Development）を取得し、大学の履修証

明を持っている。私はスペイン語とアラビア語の読み書きができる。私は理髪師免許を取得した。私は本を執筆中だ。私は多くの団体――Lifers'、Latino、Jaycees（Junior Citizens）――に加入している。私はここの刑務所に来てからずっと忙しい。私は、人のために良い行いをして、良い生活水準に触れているように努めてきている。

もし神が私の悔悟を受け容れたということでなかったとしたら、私はこれらのことを達成することはできなかっただろう。私は過ちを犯したが、神は私を赦した。今私は、私の日々の生活の中で、私がその赦しに値することを証明しようと努力している。

私は、こんなふうにひどく苦しめられるよりは、電気椅子の方がより人間的だと見る。けれども、私は死刑の価値を認めない。何故なら、間違いを犯すほとんどの人たちは、悪循環に捕らわれているからだ。彼ら自身が被害者なのだ。だから誰もが被害者にされている。どこかで断ち切らなければならない。暴力は何も解決しない。

改悛の情を見せない人たちは残りの人生を監獄で過ごすのが当然だ。卑劣極まりないことをした人もいる。しかし、終身刑に服しているほとんどの人たちにとって、犯罪は事故だった。激情に駆られてのことだった。麻薬が原因だった。前もって謀ったことではなかった。彼らには、もう一度名誉挽回の機会が与えられるべきだ。その機会を得た人たちは、社会に戻って、他の人たちが同じ過ちを犯さないように彼らの経験を共有すべきだ。

私たちは、神が赦しているということについて話す。そして私たちは、神に従う人々であるということについて話す。私たちは神が私たちを赦すことを期待する。しかし私たちには、仲間の人間を赦すことは出来ない。それは実に残念だ。

私は41歳だが、振り返ってみると、生命とは実に価値のある有用なものだとわかる。だから、たとえ私は刑務所に入ってはいるが、私が幸いにも生きていることに毎日感謝している。

ベンジャミン・ヴェラスケス

マリリン・ドブロレンスキー
MARILYN DOBROLENSKI

「終身刑は釣りのようだ。川は穏やかに見えるので、あなたは錨を下ろすのを忘れる。あなたは、あなたの乗ったボートが急流の方に押し流され始めていることに気が付かない。それからあなたは渦の中で身動きが取れなくなる。あなたは吸い込まれて下に行き、そして水面に戻って来る。他の人たちは通り過ぎてしまい、渦を見逃してしまう。しかしあなたは、その渦の中で身動きが取れないでいる。」

「丁度あなたが、これから抜け出せるだろうと考える頃に、水があなたをもとの真下へ吸い込む。」

終身刑で一番つらいのは、私の家族と離れていることだ。私が刑務所に来たとき、私の娘はまだほんの2歳半だった。彼女は今23歳。彼女は大きくなったが、私は彼女の子供時代をまったく見逃してしまった。それと、私の身内は高齢になっている。

　もう一つつらかったことは、今は自分がどんな人間だかがわかり、私が信頼できる人間になったことがわかるということだ。私はとても才能豊かな人間だ。私はここの中では窒息していると感じるということを言っても気にならない。私は、刑務所の環境の限界を克服しようと努めることと、それに順応しようと努めることの間の均衡で身動きが取れなくなっている。

　私はこの刑務所では、どの女性よりも長くいる。私が当初ここに来たとき、私は死刑囚だった。死刑宣告を受けた3日後、米国連邦最高裁判所は、ファーマン対ジョージア州事件判決（Furman v. Georgia〔1972年〕）で、死刑を廃止した。裁判所が私を連れ戻し、刑を再宣告するのにおよそ1年を要した。その間に私は波乱万丈を経験した。というのは、州検察官は私のケースを、死刑を維持するためのテストケースに使っていたから。私は裁判所に出たり入ったりで、まったくの混乱状態だった。私は先ず始めは混乱した若い婦人だった。あのトラウマに直面するストレスもなく。それに基本的にはひとりで。

　私は誰なのかを探求する過程は段階的だった。初め私はかなりの時間を独居房で過ごした。そして私の聖書を読むことにのめり込んだ。私は「私はどうしてここに来てしまったのか？」と訊ね始めた。本当に本気になって「私は誰なのか？」と訊ねるためには、私には落とさなければならない、子供時代からの感情の垢、大人になりたての生活からの感情の垢がたくさんあった。私は、誰かに私を道案内してもらう必要はないということと、私には合理的な判断ができるということを実感するのに2〜3年を要した。

　人は、更生が意味するのは、司法制度が、あなたを更生するための彼らのプログラムで成功したことだと考える。彼らのプログラムでは更生はできない。あなたが自らを更生しなければならない。ここに私とほとんど同じ位の期間いるが、入所してきた日から、全然前に進んでいない女性たちがいる。他に、本当の成功談になった女性たちもいる。こういう女性たちは、成長することを、自らを更生することを、そして彼女たちの生活を、外界に適応出来るようにす

るだけではなく、刑務所内での生活にも非常に適応できるようにすることを選んだ。

　今から3年程前に、私は営繕部で溶接工になった。私はこの種の仕事が好きで、夏の大半を塀の外で過ごす。それと、私は、私のすべての自由時間のほとんどを絵を描くことに費やす。この1年、私が大学を出て以来のことだが、美術の仕事の依頼に攻め立てられている。でもそれが気に入っている。高校でこれを突き詰めることができたらよかったのにと願う。子供のときでさえ、私は美術に心を奪われていた。それに私は自然愛好家だった。私は農場で育った。なので、もし、刑務所の人たちが、「ドーブ、あなたは明日、ここを出られる。」と言ったら、それは私が期待して待っていることだろう——田舎の場所、多分農場、そこで私は、22年前に私がやっているべきだったことをすることに戻れるだろう。

マリリン・ドブロレンスキー

ヒュー・ウイリアムズ
HUGH WILLIAMS

「人が寝るために横になるとき、その日に何かをやり遂げたということは終身刑囚にとっては、意味することはより大きい。思うに、私たちがすることは何でも、大体、目的がある。私たちは、責任も持って私たちの日々を満たさなければならない。ただ無駄に過ごすことはできない。」

皮肉なものだ。第二次世界大戦では、古い借金は帳消しにされた。世界中が参加して、国を荒廃させる戦争をした。しかし暫くして、人々は、「あんたらにはあんたらへの請求金額は払えない。だから、借金はなしにしましょう。」と決めた。こいつらは敵だった。それでもともかく彼らは帳消しにすることができるとわかった。けれども、この国の人たちは、間違った判断をしてしまった同国人に、その同じ好意を施したくない。

ヴィクター・ハッシン
VICTOR HASSINE

「終身刑は、鼻が痒い男だ。彼は、大きな何冊もの本を抱えていて、鼻が痒い。でも、彼には痒いところに手が届かない。それは彼をひどく苦しめている。」

終身刑はまったく孤独そのものだ。それは、あなたが余りにも多くの人を疑うので、終いには、あなた自身をも疑うようになる場所だ。私は、敵は物理的な危険ではないのだとつくづく思う。敵は、誰に対しても、価値があることを止めてしまうことである。私は始終私の価値に疑問を投げかける。もしも私が、人生において価値がなければ、私は実際死んでいる。だからあなたは何か価値のあるもの、意味があるものを見つけて、それに取り組む。

最初の2年間、終身刑囚は、彼らは法廷を通じて外へ出るだろうと信じている。彼らは、睡眠段階を経験する。そこでは、彼らは、リップ・バン・ウインクルのように、一日18時間眠るだろう。彼らには環境を何とかするわけには行かない。だから眠って、夢を見る。私はそれを経験した。それからあなたは眠るのには飽きて、テレビ、チェス、あるいはあなた自身を夢中にさせる何か

をする段階を経験する。あなたはいつでも自分自身に向かって、「俺はここから出るんだ。俺は本当は終身刑囚じゃない。」と言っている。あなたは否認を経験している。

　5〜6年経って初めて、終身刑囚は本当に考え始める。「私は終身刑を勤めている。自分のことは自分でやった方が良い。」と。しかし、結果として、あなたが学校に通い、あなたの人生に関して何かをするということには必ずしもならない。麻薬や同性愛もまた、あなたの環境に適合する方途である。

　終身刑囚は彼の罪についてはめったに考えない。彼にはそのことは求められていない。実際のところ、彼は、罪については考えないようにするために、意図的にそれらに専念するために、いくつかの事柄を自分の目の前に置くだろう。

　刑務所には、罪について語るための場所がない。もし私がカウンセラーのところに行って、「私が持っている罪の意識について話をしたい。」と言ったとしたら、彼は「何で私なんかに言うんだ。あんたの母親に電話するなり、牧師に会うなりしろ。あんたは話す相手を間違えている。」と言うだろう。そういうことは重要だとは考えられていないので、そのための仕組みがない。自分の刑期を勤めろ。もし彼らが、あなたのことを、減刑による、あり得る出所のために、見直すならば、そのとき、そのことは重要になる。そうでなければ、私たちは、あなたが後悔しているかどうかは気にしない。それは関係のないことなのだ。

　そこが、司法制度が役立たずになるところなのだ。何故ならば、司法制度によって人は、自分の精神の奥へ奥へと、罪が存在しなくなるまで、後退させられるからだ。そうして彼らは、ようやく彼らの苦悩の終わりを見る。そして苦悩する他の善き人たちを見ない。

　モーゼは山に40日間こもった。そして私は孤独は良かったと思う。しかしモーゼはそこに40年もいなかった。それでは余りにも長過ぎただろう。

ヴィクター・ハッシン

　＊ヴィクター・ハッシンは最近の本「Life Without Parole: Living in Prison Today」(『仮出所なき終身刑：今日の刑務所に生きて』) の著者である。

タイロン・ワーツ
TYRONE WERTS

「スペース・シャトルの打ち上げを見る度に、宇宙で散歩をしていて、そこに取り残されてしまい、時の終わりを待っていることを想像してしまう。終身刑がどんなものかといえば、そんな感じだ。」

今から20年以上前に、私が加わった強盗事件に巻き込まれて一人が死亡した。私はこのため、第二級殺人罪の有罪判決を受けた。そして今私は、仮出所の可能性のない終身刑で服役している、3,000人弱のペンシルベニアの受刑者の一人である。

この州では、終身刑は終身刑を意味する。ペンシルベニアの終身刑囚にとって釈放の唯一の希望は、知事による減刑だけだ。実のところ、近視眼的な「厳罰」政策や、大衆の犯罪に対する恐怖と怒りによって形作られている、減刑手続きの恣意的で政治的な性質を考慮すれば、平均的な終身刑囚には、死刑囚に判決が逆転する希望がないのと同様、自由になる希望はない。

終身刑がどのようなものであるのかを、塀の外側の人に説明するのは難しい。仕事に就いていないか、あるいは雇われていても、最低生活賃金で、昇進あるいはその他の選択肢の機会がない状態を想像してみるといい。あるいは、家族や愛する人たちと離れて、強制収容所で生活している状況。あるいは、子供たちはあなたがいなくても成長しているが、あなたが生きて帰宅するのを彼らは二度と見ることはないのではないかと恐れながら、危険な戦闘地域に配属され

ている状況。あるいは、あなたが無人島に置き去りにされていて、そこでの唯一の望みが、通りすがりの舟に見つけてもらうという、起こりそうもない機会だけであるという状況。これらのどれもが、一生拘禁されることに関連する苦悶がどんなものであるかの一端を示している。

　勿論、死刑執行が、殺人罪に対する、許容範囲内にある償いとして見られているときには、終身刑自体が情け深い行為だと感じる人たちもいるかもしれない。私はこれまでに、仮出所なしでの終身刑を、死刑の恐怖に反対する中で受け容れられる代替案だと見る多くの活動家と話をしてきた。これを踏まえて、私にはいくつかの類似を呈する歴史的状況が想起される。

　1830年代、この国では奴隷制が依然として盛んだった頃、北部の宗教指導者のあるグループが、「常習的な反抗」あるいは「無作法な態度」故に、主人によって処刑されている奴隷がいることを憂慮するようになった。これらの改革派の人たちは、理解できることだが、嫌悪して殺害には反対した。──しかし、奴隷制度に対してではなかった。

　振り返ってみて、私たちは、これらの改革派の憤慨がわかるし、彼らの当時の死刑執行への抵抗を支持する。しかし今日のより明快な視点からすると、打倒されなければならなかったのは、ただ単に殺害ではなく、奴隷制度全体であったことがわかる。

　過去20年間にわたって私は、刑事司法制度を徹底的に研究した。そして私は、終身刑は多くの点で、奴隷制とまったく同様に、欠陥がある制度だと信じる。不当な法の公布に始まって、欠陥のある警察の捜査、逮捕、取調べ、司法取引のいたるところで、また、不公正な、訴訟手続き及び拘禁条件のいたるところで、刑事司法の理論的枠組全体が歪んでおり、抜本的な改革の必要がある。仮出所なしでの終身刑は、私たちの処罰の中で、もっとも不正、もっとも非道徳的、もっとも非効率、もっとも残忍で、もっとも野蛮なものの一つである。それはまさに、何回にも分けた死刑執行、スロー・モーションでの死刑に他ならない。

　生命への深い関心から死刑に反対する人々を私は称賛する。しかし私たちは社会として、合法化された死刑執行の恐怖を、仮釈放の希望なしでの終身刑の、

凍りつくような絶望感と置き換えてはならない。

　死ぬまで拘禁されている私たちのような人間は、ときどきそのようにイメージされているような怪物ではない。私たちのほとんどは、ほんのつかの間に、行き場のない怒りからなのか、あるいは抑えられない激情からか、偶発事故でか、あるいは恐怖からなのか、私たちが心から申し訳ないと思っている、取り返しのつかないことをしてしまった人間なのだ。

　私たちの大多数は、犯罪の被害者のニーズに敏感に反応する。私たちの多くは、私たちの家族自身が犯罪の被害者になったスラム街の出身だ。私たちには、被害者が感じる苦痛、怒り、苦悶を想像できるし、私たちがしたことを申し訳なく思い、深く後悔している。私たちは、悲嘆と、後悔と罰とともに生きてきている――そして、私たちは、一生涯、私たちの悔恨の重荷を背負って行くつもりだ。

　私たちの多くは、何十年にもわたって、生と死について熟考してきた。命を奪い、心底懺悔している私たちのような人間以上に、生命の尊さを知っている人は、きっといない。

　私たちの刑務所で起こっている、途方もない、人的資源、財源の浪費を、私たちはもうこれ以上続ける余裕はない。そして私たちは、私たちがただ単に監房をもっと作り、看守をもっと雇い、よりよいカウンセラーを訓練し、食事と保健サービスを改善しさえすれば、司法制度改革ができると考えて自らを誤魔化してはいけない。

　私たちの刑事司法制度の、はるかに大きな抜本的な見直しが求められている。それは、単に、気がついたら捕らわれてしまっていた私自身のような人間だけのためではなく、社会全体のためなのだ。

　私たちは、犯罪に対応する新たな方途、これまで乱されてきたものを糺し、私たちのコミュニティの中で、犯罪が原因となっている大変な損害を改善する新たな方途を探し出さねばならない。私たちすべての生命がそれに懸かっている。

タイロン・ワーツ

ジョン・ジェイ・マッキンタイア
JOHN JAY MCINTYRE

「一番つらいのは、いつなのかがわからないことだ。期日だ。もしあなたに期日がわかったら、そしたらあなたは、何かを期待出来るだろう。」

レティシャ・スモールウッド
LETITIA SMALLWOOD

「私は人を殺した、と言うことが出来たらいいのに、と願う日が何日もある。そうしたら、私に起こったあらゆることがどうして起こったのかをいくらか説明できるだろうに。私の経験から、人生には、答えのないこともあるということがわかる。」

終身刑の判決は本当にいとも簡単に受けられるが、それから免れるのは非常に大変だ。一度あなたが法廷を終えてしまえば、あなたが罪を犯したか犯さなかったかということは、あなたとあなたの愛する人以外にはどうでも

いいことだ。あなたに罪の意識があろうがなかろうが、あなたは犯した罪のために、刑期を勤めている。だから、あなたはその仕組みに対応しなければならない。そしてあなたがしなければならないことをしなければならない。

　わたしはここに21年間いる。私は自分に女らしさがないのを寂しく思った。子供を持たなくて物足りない気がした。誰かと生活するのが恋しかった。社会で普通の女性がすることを何もできなかった。私の多くの部分がここで死んだ。それでも私は、外に出て、生き続けるための方法を見つけなければならなかった。希望はあなたから離れるが、それでもあなたはまだ次の日には起きて、息をして微笑まなければいけない。

レティシャ・スモールウッド

ロバート・ハグッド
ROBERT HAGOOD

「もし神が私に一つ望みを叶えてくれるなら、それは、私が心から懺悔しているということを考慮して、受け容れてもらえることだろう。それと、どんな生き物にもどんな危害も与えずに毎日自分の人生を生きる智恵を持つことだろう。」

終身刑を宣告された人というのは、人間社会から隔絶された人だ。彼は死刑を宣告されている。彼と死刑囚との唯一の違いは、死刑囚は死ぬ予定になっている日がわかる。終身刑囚はわからずに毎日を生きる。しかし、どの

日も彼の命の最後の日になり得る。

　すべての生き物同様、終身刑囚は順応し、生き延びるようになる。しかし私たちの中には、それより少し先に進む人もいる。私たちは私たちの人生について、そして、人生の生き方について、じっくり考える。私たちは、神、生命、死、天国、地獄といったことについてじっくり考える。この地球で人間であることが意味するもの、についても考える。もしあなたが幸運であれば、あなたは、自分自身の他に何か信じるものを見つけるだろう。

　信仰は今や私の日課の一部になっている。いくらかでも変化が実際に私の人生に起き始めたのは、単なる口先だけの告白よりもむしろ、私が本当に内面的に信じ始めてからのことだ。人は、私の囚人服を見さえすれば、私のそれまでの行いが、信仰ある人の行いではなかったことがわかる。実際に、私は、私自身を最初から抹殺しようとしていた。

　私は精神においても行動においても犯罪者だった。私が自分で犯していない犯罪で告発され有罪判決を受けてしまったのは、私に犯罪者の性質があったからだ。私が告発されていることをするとしても、それは、私を超えたものではなかった。誰もが私にはそういう能力があるとわかっていた。しかし実は、私は誰か他の人の代わりに服役しているのだ。

　もしあなたが本当に悪事を働き、そしてそれがある人の人生に深刻な影響を及ぼすならば、その人があなたの犯罪に対してあなたを赦せるまで、真の償いはない。あるいは、あなたが彼らと顔を合わせることができ、彼らにあなたが後悔していることをわかってもらえるまでは。あなたの行いの結果としてあなたが勤めるどんな刑期も、あなたがその行いに対して真に後悔するまでは、本当には償っていない罰である。

　私が悪行を働いた多くの人たちに被害を与えたことはわかっている。私は、それらの人たちが皆どこにいるのか知ることさえない。私はこの人たちに、ロバート・ハグッドがこれまでに彼らにしたことであればどんな悪行であろうと、そのことを私は申し訳なく思っているということを知ってもらいたい。私はみなさんに私への赦しを請う。丁度、私が主に私への赦しを請うように。

ロバート・ハグッド

カマー・グラス
COMMER GLASS

「終身刑は、深海ダイビングをするようなものだ。奥底までずっと潜って行って、酸素が切れる。あなたはもがいて水面に辿り着こうとしている。あなたにはそうできるのかどうかわからない。それでも、あなたは決してもがくのを止めない。」

私のここでの役割の中でもっとも大きく占めている部分は、退役軍人だ――私は今現在、退役軍人の長だ。ここの終身刑囚の25%もが、ベトナムの退役軍人、戦闘兵退役軍人である。多くがPTSD――心的外傷後ストレス

障害——に苦しんでいる。

　終身刑囚は、体力を衰えないようにしておかなければならない。自覚と思考力を衰えないようにしておかなければならない。そして、もしいればだが、家族をしっかり捕まえておくように努めなければならない。それは大変苦しいことであり、途切れのない闘いである。それをうまくやり遂げられるのかどうか、決してわからない。

　終身刑についてもっとも驚くべきことは、私が、一角の人物として、生産的な市民として、他の人たちが刑務所に来ることがないように手助けできる能力と知識を獲得したということを知ることであり——そして、実際にはここから出られないし、手助けできないということである。私には、コミュニティが死んでいくのが見える。家族が崩壊しているのが見える。そして、私には与えることのできる何かがあることがわかっている。

　今現在は、ここが私のコミュニティだ。私はここで生活している。私はここを、より住みやすい場所にするように努めなければならない。私はここを、入って来る人にとっては、より良い場所にするように努めなければならない。そして、私にそれができる唯一の方法は、本気で、正直で、誠実になることによってだ——他人（ひと）に対してだけではなく、私自身に対しても。

　ベトナムではあなたは、「小型テントに住むこと、狙撃されること、敵が見えないこと、女子供を殺すことより酷いことは何かあり得るのか。」と訊ねた。しかしあそこであなたは、希望が持てた。あなたは本当に力の感覚を持った。あなたには戦闘の機会があった。ここでは状況が違う。あなたは完璧に無力だ。

　ベトナムでの最初の3〜4ヶ月の間、私は家に帰れるだろうと信じていた。任務の残りの期間中は、私は気にしなかった。そこでは自分自身を守るための壁、怒りの壁を作った。そしてその壁のお陰であなたは何も気にしないですんだ。あなたは他人（ひと）をあなたに近づかせなかった。

　ここでは、あなたが作る壁は感情を奪い去らない。ここの中での怒りは違う。私は、私が家族と離れて、刑務所にいることを怒っている。私は激しくこの場所を憎悪する。そしてそうすることで、私は生き延びることができ、前に進むことができている。冷蔵庫のところに行けないこと、私の彼女に月に2時間以外は会えないこと、私の孫たちと話ができないこと、人々が私に就寝時間、テ

レビで何を見るべきか、食事の時間、着る物について指示すること——そうなったのは私の責任だと知ってはいるのだが、そういうことを憎悪する。私は怒りをきちんと誘導している。今私は、正しいことをしたい。生産的な市民になりたい。

　私たちは、他の人たちが、私たちと同じ轍を踏まないようにするために、コミュニティをより良くするために努力することを喜んで引き受ける。私は社会に人間をじっくりと見てもらいたい。そして、変化は起こせるということ、変化は終身刑を服役している多くの人間によって起こせる、ということを知ってもらいたい。これらの刑務所の中には、外で必要とされる立派な人たちが数多くいるのだ。

カマー・グラス

ロバート・カポレロ
ROBERT CAPORELLO

「俺が、俺自身の人生に何をしたかだけじゃないんだ。俺の被害者の人生はどうだ。奴も21歳だった。毎週奴のために祈ってるよ。生きてりゃこの世であいつは何をやり遂げることができただろうか。俺はどうなっていたんだろうか。俺たちにいたかもしれない子供たちはどうだ。俺たちはこの世界に何を与えることができただろうか。」

デリック・マチソン
DERRICK MUCHISON

「あんたはベッドに座って、『これは夢だ。これは夢なのか？　どうして俺は目を覚ますことができないんだ？』と言う。しかし、あんたの目が覚めるたった一つの方法は、死ぬことさ。」

ラルフ・シャープ
RALPH SHARPE

「私が奪った命、私が引き起こした悲しみと苦痛は、私が決して元通りにはできないものだ。私の減刑の申請書類には、私は被害者の家族からは何も求めない。なぜって、それは当然の報いだし、私のせいだと思うから。」

最後に私の娘から便りをもらったのは、1970年のことだった。彼女は当時子供だった。つらかった、しかし、甘んじてあるがままに受け容れるしかない。彼女が悪いのではない。私のせいなのだ。私が自分自身に対してしたことだ。他の誰かが私にそうさせたわけではない。だから私は文句を言ってい

ない。この刑期は当然の報いだ。私は命を奪った。そしてその命を奪うことで、私は私の家族に重荷を課しただけではなく、その人の家族にも重荷を課してしまった。

　死に対する罪悪感に関する限り、私はそのことを始終考えている。私にはあの女性を射殺する権利はなかった。私は彼女を知りもしなかった。私には、彼女の息子から母親を奪い去る権利はなかった。だから私は、私が30年間刑務所にいたのだから家に帰れて当然などとは言っていない。そんなことはナンセンスだ。私は神の恵みを求めている。私がそうするのに相応しいからということで求めているのではなく、私が何にも相応しくないからこそ求めているのだ。私は、命を奪った。そして私にはそれを元通りにすることはできない。これは私の心に重くのしかかっていることだ。あの時点まで、私は人生において、人っ子一人殺したことはなかった。軍隊にいたとき、私は人っ子一人殺さなかった。それに軍隊では人殺しはほとんど合法的だった。それが戦争だった。

　でも、あの晩に起こったことは、当時の私の生き方の延長線上の当然の成り行きだった。私は他の人たちの持ち物や感情など斟酌しなかった。私が追い求めていたことの全ては、私が私のために手に入れられるものだった。

　その当時、私は、麻薬で楽しんでいた。麻薬中毒患者だったミュージシャンらとたむろしていた。私が持っていたもっとも大きな戦利品は、チャーリー・パーカー（訳者注：モダンジャズの神様"BIRD"）と麻薬を打ったことだ。彼は当時カンバックしていたカッコいい奴だった。それとビリー・ホリデイと麻薬を打った。

　今は同じ考えではない。私は、姪や、甥や、孫たちと腰を降ろして、彼らを知るようになりたい。彼らに私のことを知るようになってもらいたい。当時は誰が私のことを知ろうが、ちっとも構いやしなかった。今は、私に期待されていることをしている。それで、いい気分だ。私の深い反省は、私がすることで示されなければならないだろう。

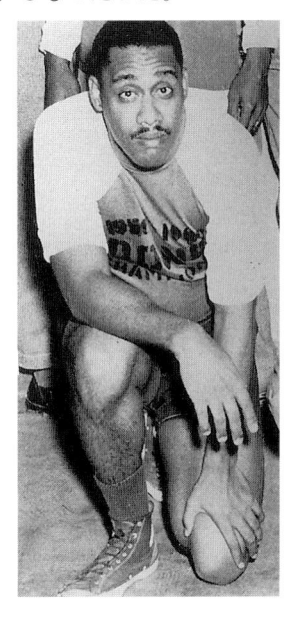

今まで私はここに30年間い続けている。あんたさあ、もういいかげん飽きてきたよ。でも今は刑期を勤めることができる。今はそれができることがわかる。何故って、これまでそうしてきたから。これら全部ひっくるめて素晴らしいのは、自分を真っ当にしておくのに、薬に頼らずにこれらのことができたということだ。

　「私はこの写真のころよりマシな人間だ。台無しにしてしまったけれど、人生は終わってしまったわけではない。」と私は考えている。私はもう一回、人生での機会を得られるだろうか。そこが私の知りたいところだ。そしてもし私がそうなったら、私は誰かの期待を裏切るだろうか。そんなことはないだろう。もし私が明日ここを出て、また罪を犯すようなことがあったとしたら、私は、私の家族と私自身を傷つけるだけではなく、ここに残った私以外の全終身刑囚をも傷つけることになるだろう。

ラルフ・シャープ

デヴィット・ブラウン
DAVID BROWN

「被害者に起こったこと、彼の家族に起こったこと、そして、私の家族に起こったことがわかって、私は、人生には私だけではなくてもっと多くの人がいるということがはっきりとわかり始めた。私の行いが私だけではなく、もっと多くの人たちに影響を与えるということを私は学んだ。」

終身刑というのは、あなたが有罪宣告を受けたとき、あるいは、逮捕されたときから、いつになるか、知事の気まぐれ次第で、あなたを出してもいいということになるかもしれないときまでは、あなたが拘禁されることを意味する。20年になるかもしれないし、50年かもしれない。あるいは永久にかもしれない。あなたは決して出られないかもしれない。

何の論理的な根拠もないが、終身刑を宝くじと比較してみよう。恩赦委員会推薦の75名のうち、3名が減刑となるかもしれない。皆が推薦していて、減刑されて当然の75名だが、知事は恐らく1名ないしは2名、あるいは3名を

減刑するのが政治的に得策だと感じるだろう。受刑者の業績は何の意味も持たない。あなたが75個のピンポン球を袋の中に投げ入れて、そこから3個摘み出すようなものだ。だから現時点では、私たちは本当に減刑について、実行可能な対応策を持っていない。冗談としか言いようがない。

　私はここの中に私のかなりの人生を投資してきたので、このまま行くしかない。私は自分の人生に関して何かをしてみたい。私にはそれほど多くの選択肢があるわけではない。首吊り自殺はできる。逃亡もできる。こういうことは後ろ向きのことだ。しかしもし私がこのうちのどちらかをしたとしたら、それは、ここの中での過ぎ去った29年間を取って、それらをゴミバケツに投げ入れるようなものだ。だから私の採るべき手段は、引き続きある時点で私が減刑のための推薦の恩恵に浴することを希望することだ。

　唯一の希望は、ある日私の番号が例の宝くじの中にあって、彼らが私を出してくれるだろうということだ。そのとき多分私には、人生が後2年残っているだろう。それが私の目標だ。そして私は首吊り自殺や、その他、彼らが私に対してやってきたことをすべて正当化してしまうような後ろ向きのことはしないつもりだ。そんなことをしたら彼らは、「こいつは兎に角何にも値しない。」と言うだろう。

　書くことは、私を衝き動かし続ける上で、重要だった。私は法律を勉強し始めた。それから私はただ、刑務所制度について、そして司法制度のいろいろな分野について書き始めただけだ。それは、私の内面の敵意や怒りの捌け口になっている。怒りを外に出す前向きな方法だ。更に、多分ある日、運動は発展し、人々はここでは何かが間違っているということがわかるというメッセージが充分な数の人々のところに着くという希望を持って、書いている。

　たとえあなたが独房にいようとも、人生は、ただ動かずに何もしないでいる、ということはない。あなたはただ何もせずじっとしているということはない。あなたはより良くなろうとしているのか、あるいは、より悪くなろうとしているのかのどちらかだ。私は変わらないままでいる人を一度も見たことがない。

デヴィット・ブラウン

オマール・アスキア・アリ
OMAR ASKIA ALI

「私たちは、創造主がしばしば赦してくれる、とても情け深い社会に生きている。もし私たちが私たちの宗教の教義を信じるならば、そしてそれがここのような状況にも関わるとき、それはあてはめられるべきだと信じてる。」

私は、刑務所体制の中にいる他の収監者のためになったプログラムを立ち上げることができて嬉しい。私は元ボクサーなので、ボクシングを、入所して来る若者の生活技能の手段として使っている。私はボクシングを、彼ら

の自尊心を高めるための、教育を受ける手助けとなるための、GED（一般教育修了検定）を取得するための、そして、彼らがひとたびここの環境を離れるとなったときに、彼らの助けになるプログラムに参加するための拠り所と見ている。だから私は、私が刑務所にいることを、私の人生の終点として見たことは一度もなかった。そしてそのお陰で、他の人たちが私のことを、レッテルで見るよりはむしろ一人の人間として見ている。

　こんなに狭いが気持ちの良い場所にいることが、多分、私の成熟のスピードを速めてきた。またそのことが、私を私の仲間の人間に対して敏感にさせてきた。私は人間の本性について学んだ。ここは人間の本性を学ぶのに完璧な場所だ。

　中には、トンネルの先にまったく光が見えないほどに荒廃している人たちもいる。もしあなたの心の中で真っ先に考えることが希望がない、ということだったら、終身刑は、生き地獄になり得る。ここでは、途方もない量の苦悩が続いている。

　もし人に、いくらかでも希望がある形で終身刑を与えれば、それは耐えられるだろう。確かに監視を必要とする人はいる、と私は思う。少し長く監視を必要とする人もいるかもしれない。しかし、彼らの天寿を全うするまでもだろうか。私はその点については大いに疑問を感じている。私は、人間には希望は与えられるべきだと強く思う。

　人間は皆兄弟である。私たちには確かに欠点がある。神は人間が完璧であることを求めてはいない。神は私たちに、この一生で、一定程度の完璧さを探求することを求めている。それが、私が懸命に努力していることだ。

オマール・アスキア・アリ

シャロン・ウイギンズ
SHARON WIGGINS

「私は、こんな犯罪を犯した人たちには、処罰があって然るべきだと理解している。その処罰はどうあるべきかについて、私が客観的になれるのかどうか、私にはよくわからない。それは、コミュニティの決定に委ねられるべきだと思う。」

私の刑期の最初の3年間を、私は死刑囚の独房監禁で過ごした。それは私が理解している失明のようだ。つまり、あなたは幾分バランスを失い、あなたをしっかりと安定させるものが何もない。あなたが他の人々との繋がり

がなくなるとき、あなたは一種の暗闇、地獄の辺土に放置される。それは、目隠しをして暗い部屋の中にいるようなものだ。目に見える光はない。しかし、暫くすると、あなたの想像力があなたのために光を創り上げる。私たちは皆、失意と孤独感の捌け口を必要としている。そこで、私たちは、私たちの希望と夢を通じて、私たち自身の光の感覚を創り出す。

女性の終身刑囚が男性終身刑囚と比べて、あるいは場合によっては、彼女たちの男性共同被告と比べても、同じくらい速やかに釈放されているとは私には信じられない。ペンシルベニアでは、過去15年強の間に、女性に対する恩赦はほんの数件あっただけだ。

それは一つには、女性は男性が持っているような型の支援組織を持っていないからだ。女性というのは、彼女たちの配偶者により忠実であるように見受けられる。仮にあなたの夫や兄弟が入獄するとなれば、あなたは彼らのための何らかの支援組織を持とうとする。しかし、獄中の女性のためには同じようにはことが進まない。また、女性終身刑囚の大多数は、彼女たちの配偶者と罪を犯したか、あるいは未婚かで、そもそもこういう絆がない。そこで、もし、その大多数がピッツバーグやフィラデルフィア出身者であるときに、マンシーのような遠隔地に女性たちを投獄したら、彼女たちはコミュニティとのつながりがなくなってしまう。これは私たちの大部分がスラム街の出身なので、とりわけあたっている。そして、スラム街の再構築に伴って、あなたにとってはコミュニティそのものが最早なくなっている。

私が思うに、仮釈放委員会が非常に男性優位であり、そして、男性は、女性はどうあるべきで、何をすべきかに関して、型通りの発想を持っている。女性が、権力の座についている男性が作った規範を超えると、それは、あなたは彼らの期待に背いたので、ダブルパンチのようなものだ。彼らには、女性が暴力や犯罪行為に参加する原因となるような状況を想像することさえできない。他方、男性の暴力は容認されている。一人前の男になるために、男は売られた喧嘩は買う。つまり、男は独断的である。男性が彼の家族のために盗もうとしたり、攻撃されたときに押し合いへし合いしようとするのは、もっともだと思われる。しかしそのような同じ状況にあっても、それは女性には認められない。このような考え方が、多くの女性が釈放されるのを妨げていると私は考える。

いいえ、私は幸せではない。私は私が置かれている状況を何とか切り抜けなければいけないと信じている。そして、そうするうちに、私は自分自身といくらか和解した。私は少なくとも自分が置かれている状況はわかる。そして、私の対処技能はかなりよくなっている。私自身と私の状況に満足できるようにしてくれ、私に達成感を与えてくれるものがある。

今から15年程前に、私は教育プログラムに参加した。最終的には私はGED（一般教育修了検定）と、準学士を取得し、ペンシルベニア州立大学カリキュラムに参加することができた。そのお陰で私は、ペンシルベニア州立大学の職員として採用されたペンシルベニアで最初の何人かの死刑囚の一人になることができた。私の仕事上の肩書きは、学生サービス連絡係。当初私の仕事は、マンシーの大半の収監者を取り込めるほど柔軟な準学士カリキュラムのコースデザインをすることだった。そして今私は、収監者担当の、学生サービス連絡係をしている。私は必要があれば教えるし、資金提供者を探し、補助金のための書類作成もする。また、ここでの中等教育課程を監督する作業部会の議長に選ばれている。私は私の仕事から、非常に多くの満足を得ている。

それと、私にとって、鍵は教育だった。より学べば学ぶほど、私は自分自身のことが学べることがわかった。そうすることで、私は、私には他人を教えるための神からの贈り物を授かっていることがわかった。そこで私はこの道具を、単に私の人格を高めるためでなく、私の仲間の収監者の状態を向上するためにも使っている。

私がマンシーに来たとき、私は17歳だった。振り返ってみると、私がシャロン・ウイギンズの成長に物理的に関わっていたようには思えない。ある子供を追想して、彼女が成長し発育するのを見ているような感じの方が強い。私が、27年前にここに来た人間と同じだということを信じることはなかなかできない。しかし、私は、もしこれらの経験がなかったならば、私は今の私ではなかっただろうということを実感している。だから私は、現在の私の今の部分を認識するために、私の過去のその部分をしっかりと手放さずに持っている。

私は刑務所内で成長しなければならなかった。余り指導はなく、あったのは

夥しい懲罰だった。どういうことかと言えば、説明なしに懲罰を受けるということだ。だから、拘禁されているということについて私が持っているつらい感情を伴って、また、私が犯した過ちは取り消せないという認識を伴って、私自身と私の環境を知るのにおよそ10年かかった。それは、あなたがあやまればそれでことは解決するというようなものではない。だから、どうやってあなたがそれに取り組みたいのかについて、何らかの決意を持たねばならない。規則も指針もないのでそれは難しい。あなたは試しながら、本当には償いにはならないだろうが、過去の償いになるだろう方法を見つけなければならない。

　何で私がここに来るようになったのかと言えば、1968年12月2日、二人の男性の共犯者と共に、私が銀行強盗に関わったからだ。銀行に押し入った際に、銀行のある顧客と私の間でもみ合いになった。そのもみ合いの間に、私は彼に2発発射した。最初の判決では、私はその犯罪への関与で死刑だった。およそ3年半後、再審があり、私は終身刑を宣告された。

　私は祖父母に育てられた。たくさん懐かしい思い出がある。しかし1965年に祖父母は数ヶ月のうちに相次いで他界した。彼らが私にとって本当の家族だった。だから彼らの死後、気がついてみると、私は街頭にいるのも同然な有様だった。私は、若者であることの不利を抱えながら大人の世界に住んでいた13〜14歳だった。私は未熟な精神で、大人の決断をしなければならなかった。そうして、要するに私は、すべて間違った決断をしてしまった。私は10代の少女として手に負えなかった。

　その当時の私の行いがここ27年に影響を与えている。そのことを考えると、私は大変な後悔と悲しみで一杯になる。それは私が私自身に対して生み出した悲劇のためにだけではなく、主として、私が私の被害者と彼の家族に対して生み出した悲劇のためにである。誰か他の人の命を奪うという最終的な行為の意味を私が理解し、その状況をより良くするために私にできることは何もないということを私が理解するとき、そのことの責任、私のしでかしたことの責任はつらいものだ。それに対して私が感じる責任は時として抗し難いものがある。

もし仮に私が被害者に会うことが可能ならば、私がどれほど心から私のやってしまったことを後悔しているのかを、わかってもらえたらと思う。非常に激しく傷つけた人に会うことを考えるとそれはまったく難しい。しかし、私としては、私が私の行動に対して深く後悔しているということを知ってもらい、わかってもらえたらと思う。私はひたすら、私が残りの人生をどう過ごすかによって、それが刑務所内であろうとなかろうと、彼らが何らかの形で、私が私のしたことを本当に理解しているということと、私が他の人々の人生も変える努力をしているということを、わかってくれることを望みたい。私はそうすることで、何らかの形で、私の以前の無責任さを埋め合わせることができればと願っている。

　ここ何年にもわたって、私は自分の人生を、とりわけ私がここに連れて来られることになった事柄について検証しなければならなかった。あなたはあなたが持っているものを使って、できる限り最善を尽くさねばならない。あなたは見通しの明るい状況を作り出す努力をしなければならない。あなた自身のためにだけではなく、他の人たちのためにも。

　私の大人としての経験の大半は刑務所内でのことだ。刑務所では、ありとあらゆるレベルの、苦痛や不運の経験が見られる。私たちは誰でも、愛され、前向きな形で育まれ、対応されることを欲している。それらは、私たちすべてを人間として結合する事柄だ。私には、私の価値体系だけではなく、他人の価値体系にも、敬意を払い、認知する義務がある。

　私は、刑務所の生活からも善いことが生まれると強く信じている。ひとたびあなたが、あなたが刑務所に来ることになった要因を評価する機会を持ち、それらの要因をきちんと処理できたならば、あなたはこの経験から何か前向きなことを手にすることができる。

　ここの人々にとって実際役に立つ更生プログラムがある。問題は、ほとんどのプログラムに、充分数の人々が参加できるだけの充分な余地がないということだ。

　私は「更生」という言葉を使うのは好きではない。でも、人は成熟して異なった類の人間になる。私はそのことが、人々が悪い状況にあって、自分自身を

直視し、彼らの感情を好ましい行動パターンに組み入れる方途を見つけなければならないときの、規範だと信じている。
　フロリダでの、最近の3人の10代の殺人容疑者のケースがある。私は誰も彼らのことを諦めないで欲しい。永久に彼らを拘禁し通すことは、既に彼らの心の中にあること——何事も絶望的だということ——の正当性をただ立証することになる。もし誰かが彼らを励まして、彼らのことを本当に心に懸けている人がいるということを彼らにわからせるならば、それこそ最高の戒めとなるだろう。ここには、非常に若くして入獄し、別の人格に成熟した個人がいることを私は知っている。

シャロン・ウイギンズ

＊シャロンは財源削減のため最近解雇された。

ケネス・ターヴァロン
KENNETH TERVALON

「迷える羊、紛失した硬貨にまつわる寓話、あるいは自分の遺産を浪費した息子についての寓話は、かなりのところ終身刑囚についての話しだ。私たちの多くは迷える羊だ。私たちの多くは紛失した硬貨だ。そして私たちの多くは、姿を消してしまい、贅沢な生活に何もかも散財したあの息子だ。私たちは戻って、労働者として果樹園で働きたい。これまでの私たちの父親は何度でも私たちを戻らせてくれたものだ。しかし、私たちの同胞は、私たちが戻るのを望んでいない。私たちは、私たちの同胞に、私たちを赦して、私たちを連れ戻してくれるように頼んでいるところだ。」

私は薬物乱用者だった。私は私の行為の弁解はしていない。それは事実だ。丁度、私が軍隊では中尉で、それがもとで辞めたことが事実であるのと同じように。丁度、私が大学卒であり、収監中に修士号を取得したことが事実であるように。これらのことはすべて、ケネス・ターヴァロンについて知っておいて良いことだ。彼は、たまたま神が一定レベルの知性を賦与した人物である。

　神の恩恵を通じて、私は幸運にも、これらの才能を善いことのために使うのに充分長く、正しい心の中にいることができた。他方、短期間ではあったが、私の人生のある時点で、私は一人の人間の命が奪われる原因となることをしてしまった。私は罰を受けなければならない。しかし、私が刑務所でしてきたことを考慮すれば、私は、再検討される機会があるべきだとも感じている。

　初めに、私の終身刑に関して最もまずかったのは、私が事件との関与を否認したことだ。専門家は皆、私たちに事件との関与を否認するように勧告する。だから私は否認した。そして一度あなたが否認をし始めると、あなたは自分をひどい道に導いてしまう。あなたは嘘を積み重ねる。

　結局私は、私が恐るべきことをしたという事実に正面からまともに取り組んで、私は何をしたのか、と訊ねる人には誰にでもいうことができた。だから私は、私自身とは、穏やかに生きることができた。

　私は神が私を変えたと考えている。神が私の肩を軽く叩いた。神は二度、私の頭をひっぱたいたと思う。暫しの間、神は私の心に届いていたが、私は耳を傾けていなかった。そして、私が本当に耳を傾けたいと思うときがやってきた。

ケネス・ターヴァロン

＊このインタビュー後間もなく、ケネス・ターヴァロンは、刑期が知事によって減刑される、極めて少ない終身刑囚の一人になった。彼は今仮出所中である。

このすべてが意味するものは何か

　生きるとは、私たちの生活のバラバラな断片を融合するための不断の闘いである。本企画は、個人的には真剣に関わっている二つのこと、刑事司法と写真撮影、を一つにまとめるという、私にとっては稀な接点の一つを意味している。
　私の人生の一部として、私は、様々な被害者と加害者の問題に真剣に取り組んでいる、全米刑事司法事務所の所長を務めている。1978年に、私はまた、現在では北米、ヨーロッパの多くの地域社会で活動している、被害者／加害者和解プログラム（VORP）立ち上げのお手伝いもした。*私はまた、司法の「修復的」理解を促進する運動にも関わっている。
　被害者、加害者、それと司法の問題と闘っているコミュニティと一緒に仕事をする機会があったため、私は、私たちが社会として、処罰に余りにも気を取られているために、私たちは往々にして司法の観点を見逃してしまうということを確信した。私たちは、加害者について、また、彼らがどんな刑罰が科されるべきかについては多く語る。それに比してはるかに少ない程度で私たちは被害者自身について語る。アメリカの法制度が、違法行為を国家に対する犯罪と位置づけているために、被害者と加害者は、抽象劇に見られる象徴という特性を帯びてくる。犯罪の真の意味と、真の「演者」はしばしば隠されてしまう。

　被害者は二度被害者にされることに不満を述べる。初めに加害者によって、それから、彼らの興味とニーズに見向きもしない、反応を示さない司法制度によって。この被害者無視は、いくらかプログラムを追加したぐらいでは容易には修正できない。この被害者無視は、思い遣りのない専門家の結果でもなければ、司法の執行における微細な欠点の結果でもない。むしろ、被害者が無視されているのは、被害者が私たちの社会の、実際の犯罪の定義のどの部分にも出てこないからである。
　私たちの法体系は、犯罪を、実際に個人に対して加えられる危害によって規定する以上に、どの法が違反されたのか、によって規定する。それは国家を被

害者として特定するのであって、個々の傷ついた人間を特定するのではない。多くの場合、被害者は、もし彼らが証人として必要とされるならば、召還されるだけ——あるいは、彼らの事件について通知されるだけということさえある。

　司法は基本的には、責任を立証することである。その上で、その責を負うべき加害者に苦痛を科すことである。単純化して言えば、司法は３つの問いに要約できる。即ち、どの法律が犯されたのか。誰が犯したのか。罪を犯した者はどの処罰を受けるのがふさわしいのか。

　それから法律的には、犯罪は、加害者による国家に対する違法行為であり、加害者と国家が司法における２つの主要な構成要素となる。被害者はその方程式には含まれていないので、彼らのニーズと要望がほとんど考慮されないのは、何ら驚くことではない。

　加害者は通常想定されている以上により頻繁に処罰されていて、アメリカは先進国中、拘禁率がもっとも高い。しかし、加害者は処罰の苦痛を経験するものの、彼らは、真に説明責任は負っていない。

　真の説明責任とは、彼らがどういう危害を加えたのか、誰に危害を及ぼしたのかを理解することを意味するだろう。そうすれば彼らは、可能な限り、この危害を修復するための責任を取るように、働きかけられることもあるだろう。その代わりに、彼らは、自ら処することを奨励する複雑な過程を経験させられている。国家が被害者側として規定されているため、罪を犯した人間に、彼らの行為の結果として実際に苦しんでいる人たちのことを思い出させるものがほとんどない。彼らには、彼らの罪の意識と責任に本気で取り組むための機会も、奨励もほとんど与えられていない。

　従って、被害者も加害者も一般大衆も、皆、全体の過程を、抽象概念と固定観念にあてはめて見ようとする傾向になる。実際に関わっている人たち——被害者と加害者——は無視されている。そして彼らの経験も、ニーズも、役割も同様に無視されている。

　私たちは、犯罪をそれが経験されたように認識すべきだと私は信じている。即ち、人間による人間の侵害として。侵害は責任を、とりわけ関係修復の責任を生じさせる。被害者、加害者の双方に、この過程で果たすべき役割がある。

司法の中心的な問いかけは、以下の内容になるべきである。即ち、誰が傷ついたのか。被害者、加害者のニーズは何か。誰が被害者、加害者の責任を取るのか。

　私たちは、被害者、加害者の双方にとっての修復に導く実際的なプログラムを開発する必要がある。最低限でも、私たちは、犯罪の「偏見を取り除くこと」から始めなければならない。私は本書で、私たちを現実の人々に会わせることによって、そうすることを試みた。

　本企画で私の平行したテーマは、写真撮影への私の関心である。私の学術的な訓練の多くは、私の感情的、直感的な自我を犠牲にして、私の理性的な自我を発達させることを促した。写真撮影は、私の理性的な自我を矯正する重要な方策であり、知ることの他の不可欠な方法を磨く方途であった。

　映像は私たちの感情につながっているので、言葉だけでは不十分なときに、注意を向け、意思疎通が図れる。記憶をたどってみて欲しい。——子供のときの経験、愛に満ちた出会い、あなたを驚かせたことについての記憶を。恐らく、あなたの心に映像が見えるだろう。実際、恐らく、あなたが目にするのは、動いている映像ではなく、静止画像だろう。私たちは、心の写真で記憶しているようだ。

　映像はただ単に記憶にとって欠かせない要素であるだけではなく、感情も保持している。画家で写真家のベン・シャーン（Ben Shahn）が、「……感情は映像形態の中に存在する。そして、感情は映像から独立しては存在できないと私は確信している。」と説明した。

　もし映像がこれほど基本的なものであるなら——記憶と感情の伝達手段——写真は強力な資料になる可能性がある！　もし私たちが、犯罪を取り巻く感情にまつわる問いについての探求とコミュニケーションを強く願うのであれば、私たちはこの特質を無視するわけにはいかない。

　しかしながら、これをもって、映像だけで心をしばしば変えるということを言っているのではない。確かに、劇的な衝撃を与えた映像が何点かある。ほとんどの人が、ベトナム戦争を覚えているには若過ぎる人たちでさえ、エディ・アダムス（Eddie Adams）の、南ベトナムの国家警察長官がベトコン容疑者を射殺している写真は記憶にある。また、たいていの人は、ニック・ウット（Nick

Ut）の、裸の9歳の子がナパーム弾に焼かれて道を走って来る映像を知っている。これら2つの映像は、しばしば、世論を戦争反対に煽るのに与ったと信じられている。しかし、個々の画像がこれほどの影響力を持つことは稀である。そうなるためには、相当の予備的な作業が個々の画像に先行しなければならない。このような写真が心の琴線に触れるのは、環境が整っていたからに過ぎない。

おそらく、世論の変化は、雪崩に例えられる。雪崩は単に大きな音や他の単一の事象によって起こされるのではない。それよりむしろ、一連のほとんど目に見えない過程がお膳立てをする。物音のような単一の事象が、直接の原因になるかもしれないが、それに先行している事象が、根本的な条件を作り出す。

ほとんどの写真撮影が、そしてほとんどの私たちの言動もだが、直接的な衝撃がほとんどわからない、この準備段階に所属している。とはいえ、このバックグラウンドとなる活動が必要不可欠である。だから、写真、映像は、捜査関連の問題には必要不可欠な要素である。しかし、それらが持っている影響力はより大きな取り組みの一部としてのものである。

写真は往々にして、非常に漠然としているため、それだけで意味ありげに存在するということはできない。写真がそれ自体で充分な情報を伝達するのは実に稀である。肖像を撮られているこの人物は誰だ。写真の中で何が起きているのか。終身刑受刑者ドナルド・モンゴメリーが言っているように「あなたはこの写真を見ることができる。しかし、こいつが立派にやっているのか、あるいはそうでないのかはわからない」。何らかの設定を規定する言葉がなければ、私たちは多くの場合推測せざるを得ない。私は、言葉と映像を結びつける方法を見つけるのが好きだ。そして本企画がそのためのチャンスを提供してくれた。

私はまた加害者や被害者との関わりを通じて、次第次第に、言語と比喩の力を意識するようになってきた。

比喩はなぞらえることだ。私たちはあることを別のことになぞらえるのだが、私たちはそうしているとは言わない。私たちは毎日比喩を使っているが、ほとんどの場合、そのことを自覚していない。こうした無意識の比喩は私たちの思考をある方向に導き、別の方向から遠ざける。普通は私たちはこのような含意を意識していない。

司法の分野では、私たちの思考を形成する比喩の一つは、「犯罪との戦争」だ。私はこれがとりわけ有害な比喩だと考える。それは、加害者は私たちのようなものだという事実を隠蔽して、加害者の「他者」を強調する。それは犯罪について間違った印象を与える。「敵」を対象化することによって、それは私たちが、罪を犯す人々に対するあらゆる種類の行動を正当化することを認める。それは、解決は武器にあるとか、加害者より「銃砲装備で勝ること」にあるとか、あるいは、恐怖による抑止にあるといった誤った印象を作り上げてしまう。含意のリストは未だ続くだろう。ここでの要点は、比喩は私たちの思考を形成する傾向があるが、たいていは、私たちがそれと意識しないうちに形成するということだ。

　写真撮影の領域では、私たちが使う言語と、私たちを導く比喩は、大いに気懸かりだ。ちょっと動詞を考えてみるだけでも、私たちは、写真を「shoot（撃つ）撮る、」「take（取る）撮る」あるいは、カメラを「aim（狙う）ピントを合わせる」と言う。カメラはたいていは、銃のようにデザインされ、扱われ、商品広告では、多くの場合、明らかにそのようなものとして提示される。写真撮影に使われる言語は、圧倒的に好戦的で、帝国主義的で、利益追求的であり、狩猟の言語だ。

　とはいえ、これは避けようと思えば避けられるので、私は写真撮影を別のやり方で再構想することに興味を持っている。写真撮影では、私たちは実際には、被写体から反射されて戻った光を集める。写真とは、私たちが受ける、反射された映像である。そこで、写真撮影は、被写体から受け取る何か、贈り物として理解することができる。それは、被写体と写真家との間の交流だ。受容の態度が必要だ。だから、瞑想の態度の方が、狩猟の態度より相応しい。

　終身受刑者の今回のような写真は多くの場合、研究者によって、彼らの研究に資するものとして「取られる。」私は本企画を、より被写体優先にしたかった。私はこれらの人たちに、参加して欲しかったし、更に、これらの人たちが、力を得た、尊重された、敬意をもって遇されたと感じても欲しかった。私はただ取るのは嫌だが、それだけではなく、何かお返しもしたかった。もし可能であれば、私は、ささやかながら、彼ら自身の自己洞察に、そして更にはもしかすると、彼らの癒しにまで役立ちたいと思った。

数年前に私は、ニュー・オリンズの住宅計画で、同様の企画を実施した。ニューヨーク・タイムズ紙からは、国内最悪の住宅計画とレッテルを貼られ、この住宅計画はメディアではたびたび否定的に報道されている。私が概略説明したようなスタイルで作業をして、私たちは結局、この住宅計画の中で、写真展を開催し、住人協議会に彼ら自身の展覧会も贈った。それ以来、住人が言うには、その住宅計画が、他所の人たちが彼らのことをより前向きに見るのに与ったばかりでなく、住人自身が彼らのコミュニティを再評価するのにも役立った。願わくは、本書 Doing Life が、同様のことを達成して欲しい。

　今世紀初頭に活躍していた、ドイツ人写真家のアルベルト・レンゲル・パッツシェ（Albert Renger-Patzsch）がかつて、「それ（写真撮影）は私には、芸術的個性を表現することよりも、対象をありのまま正当に描くことにより適しているように思える。」と述べた。

　対象（被写体）に「Doing justice（ありのまま正当に描く）」——写真家の使命を思い描く何と素晴らしい表現法なのか。私は本企画の中の、いくつかの点で、「ありのまま正当に描く」ことを望んでいた。

　被害者と加害者の双方の話を聴くことから私が学んだもっとも重要な教訓の一つは、物語を話すことが極めて重要だということと、自己洞察が、もう一人の人による、デリケートな神経を使っての質問と、フィードバックを通じて出て来るということだ。終身刑受刑者が彼らの写真を見た後で語ったことによると、自己理解もまた、写真の中の自分の姿を見ることで出て来る。私は、これらのインタビューと写真が、自己啓発や癒しに貢献できることを願ってきた。

　私はこれまで、何故、犯罪の被害はそれほど深い傷となるのかを理解し、伝えようと苦闘してきた。私は、犯罪の侵害は基本的には意味づけへの攻撃であるという結論と、司法と癒しは、意味づけを回復することと大いに関連があるという結論に達した。

　ロバート・シュレイター（Robert Schreiter）は Reconciliation: Mission and Ministry in a Changing Social Order『和解：社会秩序の変化における使命と聖職』と題する本の中で、私たち一人一人が、弱いと感じるのを防ぐために、アイデンティティの感覚と安全性の感覚を築くことを提案している。私たちは、

私たちの象徴と重大な出来事を、私たちは誰であり、何であるのかについての物語（ナラティブ）——話（ストーリー）——の中に入れる。これらが私たちの「真実」なのだ。

　苦悩は——被害者であることの結果であろうと、虐げられていることの結果であろうと——本質的に、これらの物語への攻撃であり、意味づけの弱体化である。癒すためには私たちは、私たちの物語を回復しなければならない。そしてそれから、起こった恐ろしいことを考慮した新たな物語を作り上げなければならない。苦悩は記憶の一部に、私たちの物語の一部にならなければならない。

　意味づけを回復するためには、私たちは、私たちの苦痛を表現できなければならない。多くの人たちにとって、これは、繰り返し、同じ「暴力の物語」を語ることだ。繰り返すことによって、私たちは、トラウマを緩和することができ、新しい物語を構成し始めることができる。それは、私たちが苦悩の物語の周囲に境界線を引く（訳者注：苦悩の物語の拡大を抑止する）のに役立ち、そうする中で、深い心の傷に勝利するのに役立つ。

　この、私たちの物語と「真実」を語る必要は、被害者／加害者和解の過程で重要だ。調停者である私たちは、被害者と加害者が自分たちの物語をお互いに、そして私たちに語ってくれるとき、私たちは彼らに耳を傾ける。大したことはできないにしても、私としては、ここで私が写真を撮り、インタビューした人たちのために、意味づけとアイデンティティを構築——あるいは再構築——するのにお役に立ちたかった。

　意味づけの探求は、今回のインタビューの中でよく出て来たテーマの一つだ。多くの終身刑受刑者が、悪から何らかの善を引き出そうという彼らの緊急性について述べた（因みに、これは、被害者の間でも共通したテーマだった）。私がインタビューした終身刑受刑者の多くは、他の人を助けるプログラムや、若者が破壊的な状況にならないようにするのを助けるプログラムに参加している。それは彼らなりの、回復や、悪から善を作り出す方法であり、意味づけを取り戻す方法なのだ。

　毎日を意味のある日にする必要性を語った終身刑受刑者もいた。何人かは、おそらく、外にいる私たち以上に、意識的に毎日、何か価値のあることをするために働かなくてはいけないと提案した。そうでなければ、彼らの希望のない

将来を仮定すれば、彼らの人生は意味のないものになるかもしれない。

　明らかに絶望的な状況の中に希望を見つけることは、これらの多くの人々の支えになる。インタヴューでは私はこの点については訊ねなかったが、彼らの被害者への気遣いもまた、同じような役割を果たす。罪の意識と赦しについての問いは、彼らには気懸かりであった。そして私は、内面的な旅路に関して多くの物語を聞いた。──中年期の危機、適応への諸段階、アイデンティティと自尊への闘い。多くが、宗教的信仰の重要性について語った。

　勿論、これが全体像ではない。被害者の話にも耳を傾けなければならない。私たちは終身刑に導く惨劇を敢えて軽く見るようなことはしない。そして、すべての終身刑受刑者が、ここで紹介されたような人たちではない。

　であるが、終身刑受刑者は多くの場合、彼らがしたことを深く後悔していて、社会に貢献する道を模索する、思慮深い、信用のおける男女に成熟する。刑務所の管理者たちはしばしば、私たちの固定観念に反して、終身刑受刑者は総じて、刑務所の全住人の中で、もっとも信頼ができる、成熟した一団だと言っている。終身刑受刑者は、若者の間の犯罪を防ぐために、あるいは別の方法で、社会に貢献するために策定された多くの団体に参加している。

　すべての終身刑受刑者が彼らの人生を一変させたわけではない。しかしながら、注意深い選択と監視の下では、最終的には多くの終身刑受刑者を社会に受け容れることは可能であろう。彼らの多くが、私たちのコミュニティに顕著な貢献ができるだろう。

　控えめに言っても、終身刑受刑者は、あるがままに──残りの私たちと同じように、恐れも夢もある個人として──見られて当然である。

　私たちは、芸術は私たちの個々の自我の究極の表現であると、そして、私たちの創造性においては、私たちは完全な独自性を表すということを信じるようになっている。私は今、私たちの芸術が、私たちを一つにまとめ、私たちをより大きな相互理解に導くことができるならば、私たちの芸術がより強力になり、私たちによりよく役立つかもしれないと、信じるようになって来ている。

私は連帯感の力に語りかけ、私たちを関わり——他の人々との、環境との、私たちの創造主との関わり——に加わるようにと呼び掛ける写真撮影をすることに我が身を委ねている。

　私は、被写体（及び主題）に対してありのままに正当に描いたと信じている。

ハワード・ゼア

＊たいていはその英文頭文字を取って、VORPと呼ばれている、「被害者／加害者和解プログラム」は、ほとんどのプログラムと異なって、被害者と加害者の双方に注意を向ける、回復（restitution）と調停（mediation）を混合したものである。法制度と連動して、VORPは、参加を希望する被害者と加害者が相互に会うことを可能にする。出会いの場は、訓練を受けたコミュニティのボランティアによって取り持たれ、そこで事件の事実が解明され、感情が示され、回復に関する合意が成立するのを可能にするフォーラムとなるように意図されている。

　被害者は、彼らの多くの質問に解答を得る機会、彼らの物語を伝える機会、彼らの怒りの感覚と喪失感を示す機会、加害者と顔を合わせる機会、解決に参加する機会を持てて、満足を見出す。加害者は、彼らの行為がもたらした結果を理解し、その責任を取ることを促される。彼らは償いをする機会を持ち、もしそうすることを欲するなら、彼らの深い後悔の意を表明する機会をも持つ。

写真家／著者について

　ハワード・ゼア博士は、刑事司法問題の著述家であり、国際的なコンサルタントである。1979年より、博士は、メノナイト中央委員会・犯罪と司法米国事務所 (Mennonite Central Committee U.S. Office on Crime and Justice) の所長を務めている。つい最近、博士はイースタン・メノナイト大学 (Eastern Mennonite University) の学部にも籍を置いた。

　ゼア博士は、最初の被害者／加害者和解プログラム (Victim Offender Reconciliation Program: VORP) をアメリカで立ち上げるのに貢献し、その後、他の多くのコミュニティが同様の企画を開始するのに関わってきた。ゼア博士はまた、「修復的司法」の概念の構築に中心的な役割を果たしてきた。

　ゼア博士の出版物には、『犯罪と近代社会の発達』(Crime and the Development of Modern Society) と『レンズの交換：犯罪と司法への新たな焦点』(Changing Lenses: A New Focus for Crime and Justice)〔邦訳『修復的司法とは何か』〕などがある。

　ゼア博士はまた、プロの写真家としても活躍しており、作品は多くの出版物や展覧会に掲載、展示されている。

訳者あとがき

　大学で学生たちに英文講読をする際、日本語を媒介にはするものの、英文そのものとしての理解に重点を置き、和訳の仕上がり、日本語としての「わかりやすさ」を求めることに惑わされてはいけない、と指導をしている。「英語を英語として理解する」ということが英語学習上まっとうだと信じるからであるが、同時に、和訳、日本語への翻訳が、如何に労力を要し、終わりのない作業であるのか、ということがわかっているからでもある。今回あらためてこのことを痛感した次第である。願わくば、「日本語を日本語として理解できる」訳文に仕上がっていて欲しいが、本書自体が持つ強烈なメッセージが訳文の至らなさを補って余りあると信じ、そう期待している。

　原著の副題にある、Reflections。実に見事な選択だと感じ入る。終身刑受刑者の内省、想いを映し出した言葉と、その外に向かって自然と滲み出た、というか写し出された表情（ポートレート）の書である。

　「一番最初の読者」でもある訳者としては、極めて平凡な表現ではあるが、一人でも多くの読者の方に本書をお読みいただき、原著者も述べているように、日本国内の刑務所、受刑者に対する思い込みを止めて、考え直すきっかけにして欲しい。更には対話を深める一つの素材としていただければこの上ない幸せである。何を隠そう。実は私自身が本書で始めて「修復的司法」なるものに出会ったのである。そして自らの問題として限りない興味を持つようになったのである。本書と同時に発刊された同原著者による　Transcending の日本語訳である『犯罪被害体験をこえて──生きる意味の再発見』（現代人文社、2006 年）も併せてお読みいただけると、そこに新しい司法の可能性も仄見えて来、かつ人が苦難、悲嘆を抱えつつも生きるということに関しての、読者自身のより深い reflection（想い、考察）、journey（心の旅路）へのよき手引書になるものと確信する次第である。

　このような重い課題を担った書の翻訳という大任を与えていただいたことに心からの感謝を込めて。

最後になったが、本書の翻訳出版にあたってご協力いただいた、東京ミッション研究所国際所長のロバート・リー（Robert Lee）、東京ミッション研究所所長の金本悟、東京ミッション研究所総主事の西岡義行、方南町教会元牧師の棚瀬多喜雄各氏に、この場を借りて感謝の意を表したい。
　また、本書の出版を快諾してくださった現代人文社の成澤壽信社長にお礼申し上げる次第である。

2006年6月10日
西村邦雄

解説
本書の意義とゼア博士の修復的司法

西村 春夫

　このフォト物語集を初めて手にしたとき、ポートレートの背景を鉄格子、居房などにして刑務所らしくしないのかと感想を持った。この点について著者ゼア博士は、人物を、受刑者という固定観念で見るのでなく、ひとりの人物として見るためには無地の背景と私服着用がベストだという結論に達したと書いている。ここには彼の思想がある。つまり、ポートレートは現場写真的な産物ではなく、人が自分に対面して自己を意味づけして語っている産物であると我々に教えている。

　本書はゼア博士が、自分の居住地であるペンシルベニア州の矯正局や、グレイトフォード刑務所の終身刑受刑者の団体（Lifers, Inc.）の許可と支援を得て同州のいくつかの刑務所の終身刑受刑者にインタビューし、ポートレート撮影と心の内を語ってもらった成果である。同州は、第一級、第二級の殺人罪には仮釈放なしの終身刑を科する合州国で数少ない州の一つであるという。『法務総合研究所研究部資料46、アメリカ合衆国における終身刑受刑者処遇上の諸問題』（1999年）によれば、同州の死刑確定者は136人で全米第3位、終身刑受刑者は2283人で同第1位である（13頁）。また終身刑受刑者の心身状態についてのデータは見あたらないとし、数少ない資料には複雑な苦悩が表現されていたり、刑務所を生涯の家と考えて模範的な生活を送っている例が載せてあったり、彼らは刑務所の規律を乱す危険な存在かは議論があるという（15頁）。ペンシルベニア州という厳罰化政策推進の州において個々の受刑者とのインタビューができ、ポートレートも写せた背景には、第一に著者が長年ボランティアとして刑務所で受刑者にカメラ教室を開いていること、第二に受刑者に、自己理解と責任感得の集中セミナーを実践していることが預かっているだろうと筆者は推測する。

　日本で死刑を廃止しようという運動が粘り強く続けられているなかで、廃止

した場合その代わりとして、新たに終身刑を導入することが唱えられている。また廃止しなくとも現行の無期刑では通常、何年かたつと出所するので、死刑には至らないが厳しい罰として新しく終身刑を導入する動きがある。そのわけは、現行の無期刑は、字句上は期限なしの刑といいながら、実際は10年が経過すれば仮釈放が可能であるとされているからである。新たな終身刑は絶対的終身刑ともいわれ、ごく稀にしか仮釈放がない文字通りの終身刑である。死刑廃止論者、被害者のなかに導入を推進する動きがあるし、反対の声もある。声高の推進世論も認められる。以上の意味で終身刑がにわかに脚光を浴びている。ただ、ゼア博士は死刑、終身刑には反対の態度をとる。

　福島瑞穂参議院議員（社民党）の「無期刑囚の執行期間及び医療体制に関する質問主意書」に対し、1999年5月25日、法務省矯正局は答弁書を提出した（監獄人権センターのお知らせによる、以下は筆者による一部引用）。無期刑の受刑者は、98年末で全国に968人いる。25年以上服役しているのは計67人（99年4月1日現在）である。また、98年に仮釈放された無期刑受刑者の平均服役期間は20年10カ月である。『2004年版犯罪白書』によると、無期刑受刑者の仮釈放の申請がされた場合の棄却率は10％そこそこであるが、仮釈放の申請自体が慎重になっているようである。何年くらいたつと仮釈放の申請がなされるかというと、昭和期には半数以上が在所16年以内であったのに、最近では90％は20年を超えている、つまり無期刑の長期化が進んでいると述べられている。

＊

　本書は犯罪者とのインタビューの写真記録であるが、著者はいつも念頭に被害者と加害者の双方が置かれている（トランセンディングと題する、被害者の語りとポートレート集をゼア博士は後に著している〔邦訳は、『犯罪被害の体験をこえて──生きる意味の再発見』現代人文社、2006年〕）。犯罪者とのインタビューの刊行を通して、世上、被害者や加害者を血の通った人間として見ないようにしていることについて警告し、犯罪を血の通った人間による血の通った人間に対する侵害と理解するよう提言し、「被害者はかくかくである」、「加害者はしかじかである」という固定観念の打破を目指している。彼らの語りを聞くことを通して学んだ重要な教訓は、自己の物語を語ることの重要性である。自己洞察はインタビューする人の慎重な質問と、返答のフィードバックを通じてできる。被害者、加害

者を取材対象とみることを排し二人の対話の中で、ともに一つの物語を作り、相手は変わりゼア博士自身も変容するという姿勢をとる。フィルムを現像して後刻ポートレートを彼らに贈るとポートレートのなかに自分の姿を見ることで自己理解が促進されるという。犯罪被害者にとって被害の苦悩は（犯罪者にとっても加害の苦悩はある）、自分は誰であり、何であるかの物語への自己攻撃から生まれ、生きることの意味の弱体化から来る。癒えるためには自己の物語を回復しなければならない。あるいは回復に留まらず、起こった恐ろしいことを入れ込んで新たな物語を創る。苦悩は記憶の一部に、物語の一部になる。忘れ去られない。それが意味を取り戻すこと、物語の創造である。被害者、加害者の写真集を作る動機は意味と自己確認（アイデンティティ）を再構築するのに役立てたいからであるという。

＊

　著者ゼア博士は、本書末尾で紹介されているような経歴の持ち主である。追加していえば、ラットガース大学から博士号をとり、2004年現在、バージニア州の東部メノナイト大学において修復的司法の教授であり、大学院における紛争変容プログラムの指導教官でもある。2003年にPrison Fellowship Internationlから第1回修復的司法賞を受けた。実践界、学界では修復的司法の大祖父と認識されていて、実際、修復的司法の実践家としては1978年、合衆国インディアナ州エルクハートで初めて「被害者――加害者和解プログラム、VORP」を試みたし、理論家としては1990年、"Changing Lenses：A New Focus for Crime and Justice"（邦訳題名は『修復司法とは何か』〔新泉社、2003年〕）を著した。末尾に著者の文献一覧を掲載した。

　現行の司法が刑罰を事とする刑事司法であるのに対し、修復的司法は償いを事とする「償事司法」であると言える。前者では国家と犯罪者という対立する敵同士が対決して法廷で争い、その過程で法的真実が明らかにされ、判決の形で理性的な結論が出るとされる。犯罪者は国家の秩序（刑法的な法秩序）を破ったゆえに理論構成上国家が被害者であり、かつ訴追者とされるから、刑罰を科された犯罪者は刑務所のなかにいて実際に苦しんでいる人（被害者）のことを思い出さずに済み、罪の意識と責任に本気で取り組まず（著者の現行司法システムの批判）、国家という強大な権力から（具体的には刑務所当局から）いかに身を

逃れるかを毎日絶えず思案している。犯罪者を犯罪戦争における敵と比喩化することによって犯罪者に対するあらゆる懲罰的行動を、人権侵害の行動をすらも、私たちは正当化するのだと述べる。

　後者では被害者と加害者、その他の関係当事者がメディエーションやカンファレンスの形で参集して対面対話、会話協議をして納得のいく償いの方式と量が取り決められる。ただ、お互い話せば合意に達するという楽天的なものではないだろう。合意は妥協というより一つの価値の創造であり、中に入る調整進行役は精神的、技術的トレーニングを必要とする。始めはお互い敵同士でも会話協議がすすめば同じような人間となることが期待されるし、そうでなければ合意は成立せず、会話協議は挫折する、それならそれでよい。軽罪ならともかく、重罪の場合なら、被害者、加害者を十分サポートして、修復実践の機が熟するのを待つ。無理に参集者を結びつけるのは役所仕事の修復的司法だろう。争いの解決には国家や役所の意志ではなく、被害者のニーズを中心に考える。被害者が極刑を望んでいても両人が会うことを望めば会うことになる。仮に合意ができなくても、再会したという厳粛な事実は残る。国家の強制手続ではなく、あくまで自発的な出会い（エンカウンター）である。会うには謝罪の気持ちが片鱗でもあることが前提とされようが（すなわち犯罪事実を厳しく争っている事案は向かないが）、赦しや和解を第一にしないとゼア博士自身が述べている。

　「修復的司法は……である」と肯定形で修復的司法を描くことはその固定観念化につながるであろうから、その点をゼア博士は深く懸念し、9個の「ないないづくし」で修復的司法を逆方向から描いている（『修復的司法の総合的研究』〔風間書房刊、2006年〕22頁）。筆者の注記を少し加えつつ以下紹介したい。①赦しや和解を第一にしない［第一にするという誤解、偏見が広まっている］、②権威的調停ではない、③再犯減少を第一に企画しない［修復的司法は何かの政策実現の道具ではない。あくまで被害者中心の思想である。それ自体が善である］、④決まったプログラムや青写真ではない［修復的司法は各人の創造である］、⑤軽い犯罪や初犯者への取り組みを基本としない［実施の対象は実施者側の方針よりも被害者自身が決めるべきものである］、⑥それは近代アメリカで開発されたものではない［古代はすべて原始的、復讐的文化であって近代は理性的な応報主義に進歩したという進歩史観をゼア博士は批判する。今の修復

司法は決して近代の発明ではなく、先住民族の和解の儀式から学ぶべきものであるという。古代にも和解の慣習があったとすると、復讐心は、時空を超えて人間の自然な本能だという見解は怪しくなる。人間は復讐心も赦し心も潜在的に持っており、その時代時代でいずれか一方を強く学習すると筆者は考える。また古代に戻らずとも現代の生活世界でも、トラブルを公的機関に届ける前に被害者加害者双方が非公式に和議していることがしばしば見られ、それをなぜ修復的司法と考えてはいけないのかとジョンストン教授は示唆している（邦訳、ジョンストン『修復司法の根本を問う』成文堂、2006年）]、⑦万能薬でも、法制度の必然的代替でもない［万能薬と思い違いして修復的司法の限界をことさら取りあげて攻撃する人がいる。既存の法体系も修復的司法も限界をもつ］、⑧必ずしも刑務所不要論ではない、最後に⑨必ずしも応報の対極にあるものではない［応報あるいは復讐と、赦しとの中間項の司法もゼア博士は認めるようだ。現実的な考えだが、修復思想が変質するおそれもある］。肯定形の文章にすることの危険、つまりそれらの文言が一人歩きして固定観念化する危険を重々認識しつつも我々各人がどういう肯定形で表される特徴を持った修復的司法を創っていくのか、ゼア博士ではなく我々の務めである。

最後にゼア博士の出版物について紹介したい。

- Zehr, H. and B. Toews (eds., 2004). Critical Issues in Restorative Justice. Criminal Justice Press and Willan Publishing.
- MacRae, A. and H. Zehr (2003). The Little Book of Family Group Conference: New Zealand Style. Good Books.
- Zehr, H. (2002). "Journey to Belonging." In E. Weitekamp and H-J. Kerner (eds.), Restorative Justice: Theoretical Foundation. Willan.
- Zehr, H. (2002). The Little Book of Restorative Justice. Good Books.
- Zehr, H. (2001). Transcending: Reflections of Crime Victims. Good Books.
- Achilles, M. and H. Zehr (2001) "Restorative Justice for Crime Victims: The Promise, The Challenge," In: G. Bazemore, G. Schiff and M. Schiff (eds.),

Restorative Community Justice: Repairing Harm and Transforming Community. Anderson.

- Toews-Shenk, B. and H. Zehr (2001) "Restorative Justice and Substance Abuse: The Path Ahead." Youth and Society, 33 (2): 314-28.
- Zehr, H. (2000) "The Path to Justice: Retribution or Restitution?" In: C. Schrock-Shenk (ed.), Mediation and Facilitation Training Manual: Foundation and Skills for Constructive Conflict Transformation, Fourth Edition. Mennonite Conciliation Service.
- Zehr, H. and H. Mika (1998). "Fundamental Concepts of Restorative Justice." Contemporary Justice Review, 1 (1): 47-55.
- Umbreit, M. and H. Zehr (1996). "Family Group Conference: A Challenge to Victim Offender Mediation?" Victim Offenders Mediation Association Quarterly, 7(1):4-8.
- Zehr, H. (1995). "Justice Paradigm Shift? Values and Visions in the Reform Process." Mediation Quarterly, 12(3):207-16.
- Zehr, H. (1990). Changing Lenses: A New Focus for Crime and Justice. Herald Press（邦訳『修復的司法とは何か——応報から関係修復へ』新泉社、2003 年）。
- Zehr, H. (1989). "Justice: Stumbling Toward a Restorative Ideal." In: P. Arthur (ed.), Justice: The Restorative Visions. New Perspectives on Crime and Justice (Issue #7). Mennonite Central Committee Office of Criminal Justice, pp.-15.
- Zehr, H. (1985). "Retributive Justice, Restorative Justice." New Perspectives on Crime and Justice (Issue #4). Mennonite Central Committee Office of Criminal Justice.
- Zehr, H. (1985). "Mediating the Victim-Offender Conflict." New Perspectives on Crime and Justice (Issue #2). Mennonite Central Committee Office of Criminal Justice.
- Zehr, H. and M. Umbreit (1982). "Victim Offender Reconciliation: An Incarceration Substitute?" Federal Probation, 46(4):63-8

（にしむら・はるお）

執筆者・翻訳者・監訳者プロフィール

ハワード・ゼア（HOWARD ZEHR）米国・東部メノナイト大学教授
西村春夫（にしむら・はるお）常磐大学大学院教授
細井洋子（ほそい・ようこ）東洋大学社会学部教授
髙橋則夫（たかはし・のりお）早稲田大学法科大学院・法学部教授
西村邦雄（にしむら・くにお）東洋大学社会学部非常勤講師

終身刑を生きる
自己との対話
DOING LIFE
Reflections of Men and Women Serving Life Sentences
portraits and interviews by HOWARD ZEHR

2006年7月15日　第1版第1刷発行

編　著	ハワード・ゼア
監　訳	西村春夫・細井洋子・髙橋則夫
邦　訳	西村邦雄
発行人	成澤壽信
発行所	株式会社現代人文社

〒160-0016　東京都新宿区信濃町20　佐藤ビル201
電話＝03-5379-0307（代表）　FAX＝03-5379-5388
Eメール＝daihyo@genjin.jp（代表）
　　　　hanbai@genjin.jp（販売）
Web＝www.genjin.jp
振替＝00130-3-52366

発売所	株式会社大学図書
印刷所	株式会社ミツワ
装　画	押金美和
装　幀	清水良洋（Malpu Design）
本文デザイン	佐野佳子（Malpu Design）

検印省略　PRINTED IN JAPAN
ISBN4-87798-304-X C0036
©2006　Nishimura Kunio

本書の一部あるいは全部を無断で複写・転載・転訳載などをすること、
または磁気媒体等に入力することは、法律で認められた場合を除き、
著作者および出版者の権利の侵害となりますので、
これらの行為をする場合には、あらかじめ小社また編集者宛に承諾を求めてください。